A BÍBLIA EXPLICA
"Desgrecizando" a Igreja
O impacto do pensamento grego na fé cristã

DAVID PAWSON

ANCHOR RECORDINGS

Copyright © 2019 David Pawson

"DESGRECIZANDO" A IGREJA
DE-GREECING THE CHURCH

Os direitos autorais referentes a este livro são assegurados a David Pawson, de acordo com a Lei de Direitos Autorais, Desenhos Industriais e Patentes de 1988 (Reino Unido).

Uma publicação da Anchor Recordings Ltd
DPTT, Synegis House, 21 Crockhamwell Road,
Woodley, Reading RG5 3LE, UK

Todos os direitos reservados.

Nenhuma parte desta publicação pode ser reproduzida ou distribuída, em qualquer forma ou por quaisquer meios, sejam eles eletrônicos ou mecânicos, incluindo fotocópias e gravações, ou por qualquer sistema de armazenamento e recuperação de informações, sem autorização prévia, por escrito, da Editora.

Para obter outros materiais de ensino de David Pawson,
inclusive DVDs e CDs, acesse
www.davidpawson.com

PARA DOWNLOADS GRATUITOS
www.davidpawson.org

Mais informações pelo e-mail
info@davidpawsonministry.com

ISBN 978-1-911173-81-6

Esta publicação baseia-se em uma palestra. Por originar-se da palavra falada, muitos leitores considerarão seu estilo um tanto diferente do meu modo costumeiro de escrever. Espero que isto não venha a depreciar a essência do ensino bíblico encontrado aqui.

Como sempre, peço ao leitor que compare tudo o que digo ou escrevo ao que se encontra registrado na Bíblia, e, caso perceba um conflito em qualquer ponto, sempre fie-se no claro ensino das Escrituras.

David Pawson

Sumário

PARTE 1   7

PARTE 2   37

A BÍBLIA EXPLICA
"Desgrecizando" a Igreja
O impacto do pensamento grego na fé cristã

PARTE UM

Morávamos em Sherborne St. John, um vilarejo com apenas mil habitantes, localizado em North Hampshire, Inglaterra. Naquele vilarejo, havia uma grande mansão. Como se pode imaginar, a construção hoje faz parte do patrimônio histórico nacional, mas a casa em estilo Tudor, antes de ser tombada, pertenceu à família Soames. Trata-se de uma bela edificação em tijolos, com grandes janelas, mas, em algum momento de sua história, seus proprietários decidiram instalar um pórtico grego na entrada principal, que dava vista para o lago. Suas colunas em estilo coríntio, coroadas com o típico frontão triangular, pareciam totalmente desarmônicas.

Fico muito indignado sempre que a vejo; gostaria de saber quem colocou o pórtico ali. A construção me faz lembrar a cidade de Genebra, na Suíça. Quando estive lá, eu quis conhecer a Catedral de São Pedro, palco da reforma de João Calvino. A Catedral de São Pedro é uma estrutura medieval católica com arcadas e contrafortes – uma típica construção gótica. Seu interior é muito vazio, pois Calvino removeu todas as estátuas e gravuras e substituiu toda a sofisticada decoração por bancos simples. Não há, portanto, muito que se ver dentro da igreja. Fiquei horrorizado, contudo, quando me deparei com um pórtico grego enfiado (só posso usar esse verbo) na saída da porta oeste, em frente a essa linda igreja gótica. Lá estão, novamente, as colunas gregas encimadas com o frontão triangular, cravadas em uma edificação gótica. Elas nem sequer se encaixam ali; a aparência é horrível. Enquanto tentava me distanciar para ter uma visão melhor desse monstruoso carbúnculo (outra pessoa a descreve assim), deparei-me com uma estátua sobre um pedestal, do outro lado da pequena praça. A estátua retrata a figura de um homem que recua, horrorizado, ao fitar esse pórtico grego. Na base dela, está escrito "Jeremias". Não consegui descobrir quem colocou a estátua ali, por que razão o fez, e como conseguiu tal feito. Não há cartões postais com essa imagem. Pensei em tirar uma foto dessa figura em bronze de um profeta que, horrorizado, fita a adição grega ao que antes fora uma bela igreja gótica, mas seria muito estranho. Trata-se de uma parábola, e eu me identifico com essa estátua.

Encolho-me, horrorizado, ao pensar no efeito do pensamento grego sobre a Igreja cristã ao longo dos séculos. Um dano de grandes proporções foi causado à fé cristã, e esse dano persiste até os dias de hoje. Quero lhe mostrar que você e eu somos vítimas dessa influência e que lemos a Bíblia através das lentes gregas de nossos óculos. O significado do título deste livro (que talvez você tenha imaginado ser um erro de grafia – "desgrecizar") expressa precisamente o que penso: precisamos remover da Igreja a influência grega que não é própria ou pertinente à Igreja ou à nossa fé. Hoje, é claro, a maioria das pessoas estão cientes de que os gregos tiveram alguma influência em nossa cultura. Estão equivocados aqueles que acreditam que o fundamento da civilização ocidental é judaico-cristão. Esse fundamento é muito mais greco-romano. A seguir, vou escolher, aleatoriamente, quatro aspectos da *nossa* cultura moderna, *nossa* vida ocidental, que estão diretamente relacionados à Grécia.

O primeiro aspecto que quero destacar é a arquitetura. Antes que o aço e o concreto armado estivessem disponíveis aos arquitetos, as construções eram basicamente feitas em pedra, obrigatoriamente. Quando observamos os edifícios públicos construídos em pedra, contemplamos templos gregos. Caminhe pela cidade de Londres e observe o prédio da Bolsa de Valores ou a Catedral de São Paulo. As centenas de igrejas destruídas pelo grande incêndio de Londres, em 1666, foram reconstruídas por Sir Christopher Wren[1] tomando como base a arquitetura grega. Se você tiver a oportunidade de entrar na igreja All Souls, que fica em Langham Place, no centro de Londres, poderá observar a predominância da arquitetura grega. Todas as igrejas reconstruídas por Wren, em Londres, revelam essa influência. Quer tenham colunas coríntias, dóricas ou jônicas, são construções inteiramente gregas. Nossa arquitetura baseia-se na arquitetura grega. Prefeituras, museus, bibliotecas, galerias de arte – é possível identificá-la em todos os lugares.

Essa influência é ainda mais evidente nos Estados Unidos. Ao caminhar pelas ruas e avenidas de Washington, DC, observe o edifício do Congresso e os monumentos. São todos templos gregos. Basta observar qualquer casa grande nos Estados Unidos e você perceberá que sua entrada é a réplica de um templo grego. A arquitetura, portanto, deve muito à Grécia. Não estou afirmando que, a essa altura, seja algo negativo; estou apenas destacando a profunda influência da arquitetura grega em nossas vidas.

Passemos então à política. Não há um traço sequer de democracia na Bíblia. Todos os países citados na Bíblia são monarquias absolutas, regidas por um rei. Eram reinos, de fato – não como o Reino Unido, que não é reino, tampouco unido, mas um reino de verdade, no qual o rei governa, e não há partidos políticos ou eleições, votos ou debate a respeito de leis. O rei determina as leis e ponto final. Toda

---

[1] Nota de Tradução:: Christopher Wren (1632-1723) – Um dos mais aclamados arquitetos ingleses da história. Era também astrônomo e matemático.

nação da Bíblia seguia esse modelo; a democracia não é um conceito bíblico. Lembro-me de assistir ao filme "Os Dez Mandamentos" [1956]. Cecil B. DeMille fez um discurso de abertura dizendo que esse filme retratava o início da democracia ocidental: a história de Moisés. Não há qualquer indício de democracia na história de Moisés ou dos Dez Mandamentos – mas fazer o quê?

Hoje estamos acostumados com o conceito de democracia. Winston Churchill, portanto, estava certo quando disse: "A democracia é a pior forma de governo, com exceção de todas as demais". O que ele quis dizer é que a possibilidade de alternar os partidos é uma forma segura de escapar de um sistema ditatorial. O poeta e sacerdote anglicano Studdert Kennedy fez a seguinte afirmação sobre as eleições gerais: "Um bando de pecadores sai e outro bando entra". Além de terem iniciado a democracia, os gregos também são os autores de uma ideia chamada "devolução' – a pressão constante para que as pessoas tenham a oportunidade de governar a si mesmas. Nada disso, contudo, encontra-se na Bíblia.

Um terceiro aspecto da influência grega em nossa vida hoje é o esporte. De onde vem nossa paixão, nossa *obsessão* pelos esportes? Ou mesmo, eu ousaria perguntar a muitos neste país: de onde vem a *religião* do esporte? Ela não vem da Bíblia; há poucas referências ao esporte. O único texto que me vem à mente é: "O exercício físico é de pouco proveito". Certo amigo afirma ter praticado sua cota de exercícios subindo as escadas de hospitais para visitar amigos que praticavam a corrida! De onde vem o costume de praticar esportes? Da Grécia, dos Jogos Olímpicos e do outro lado do mar Egeu, dos Jogos Jônicos, no oeste da Turquia. O esporte era uma obsessão para os gregos. O culto ao corpo veio da Grécia. Suas obras de escultura definem a compleição física ideal, com seus bíceps exagerados, etc. A exposição do corpo humano era parte da cultura grega, razão pela qual os atletas praticavam nus a maioria dos esportes.

Vamos observar um quarto aspecto: o entretenimento. Os gregos tinham tudo o que hoje encontramos na televisão – exceto a televisão. Tinham teatros, debates e discussões. Viviam para o lazer. Não viviam para trabalhar. O trabalho era um mal necessário, e o verdadeiro sentido da vida poderia ser encontrado no lazer, depois que o trabalho estivesse concluído. Se possível, você providenciaria um escravo para fazer o trabalho e assim poderia ser um *bon-vivant* e boêmio, um amante dos prazeres da vida, sempre buscando os interesses relacionados ao lazer.

Era assim nas grandiosas bibliotecas que construíam, no estádio esportivo que mencionei, nos teatros, nas assembleias ou em locais de debate ao ar livre como o areópago, onde Paulo discursou. Eles se divertiam; precisavam ser entretidos. A indústria do lazer tinha de ser gigantesca. Dois terços do povo da Grécia eram formados por escravos que realizavam o trabalho a fim de que o restante pudesse desfrutar de seu lazer.

Esse tipo de atitude lhe parece vagamente familiar? Somos pessoas dos esportes; somos pessoas do lazer; vivemos para o fim de semana. Encontramos nosso verdadeiro eu nas atividades que *nós mesmos* escolhemos fazer em nosso tempo livre e não nas tarefas a nós determinadas em nosso trabalho. Não me preocupa tanto, contudo, a influência da Grécia sobre nossa cultura de forma geral, mas sim sua sutil influência sobre a Igreja e sobre o pensamento cristão, algo que muitas pessoas não percebem.

A raiz do cristianismo encontra-se em um mundo bastante distinto do mundo grego. A Bíblia nos revela onde estão nossas raízes. Elas estão no mundo hebraico – o mundo judaico. Esse mundo era praticamente oposto à Grécia antiga, em todos os aspectos. O Antigo Testamento é inteiramente hebraico e foi concluído antes que os gregos surgissem em cena. Quanto mais você ler o Antigo Testamento, mais conhecerá as raízes do cristianismo, já profundamente estruturadas muito antes de se imaginar a Grécia, embora haja uma ou duas menções a ela no texto bíblico. Os hebreus não viviam para o lazer. Trabalhavam seis dias por semana e o sétimo dia não era para o descanso, mas um dia santo, dedicado a Deus, e não a *eles próprios*. Os hebreus viviam para o trabalho e para a adoração. Não viviam para os esportes; não tinham tempo para isso. Não viviam para o lazer. Trabalhavam para Deus e o adoravam.

O Novo Testamento, de fato, foi escrito na língua grega. Mas, com exceção de um, todos os seus autores eram hebreus. Embora a língua seja grega, o pensamento é hebraico. Ainda se trata de um livro judaico. O único autor gentio – dr. Lucas – obteve todas as suas informações com o povo judeu e viajou com um apóstolo judeu chamado Paulo. Toda a nossa Bíblia, portanto, é hebraica do início ao fim, razão pela qual, por exemplo, o trabalho, especialmente o trabalho *braçal*, seja muito valorizado, enquanto que, para os gregos, esse tipo de trabalho cabia ao escravo ou ao imigrante. O trabalho pesado, feito com as mãos, não se destinava aos gregos. Era mais apropriado a qualquer outra pessoa que se dispusesse a fazer [a um preço] o que eles não queriam fazer. Algum traço familiar com a Europa moderna? Se você tem um carro alemão, saiba que ele provavelmente não foi construído por alemães.

Na escala social grega, o trabalho manual ou braçal ocupa uma posição inferior. Os que desempenham um trabalho intelectual são superiores aos que trabalham com as mãos. Na Bíblia, a situação é inversa. O texto bíblico mostra que o trabalho feito com as mãos tem a máxima dignidade. A maior parte dos que foram chamados por Deus para o serviço integral e para uma grande obra já eram qualificados em alguma forma de atividade manual, seja o pastoreio de ovelhas ou a pesca (o "coletor de impostos" foi uma exceção). O próprio Filho de Deus trabalhou por 18 anos em uma carpintaria. Confeccionou móveis durante 18 anos e maravilhas durante três, e se meus cálculos estão corretos, trata-se de uma proporção de seis para um, a mesma de seu Pai celestial. Concorda? Leu Gênesis 1 ultimamente? Dezoito para três, seis para um. Imagine colocar o Filho de Deus, o Salvador do mundo, para trabalhar com as mãos durante 18 anos como preparação para salvar o mundo! É a última coisa que os gregos sequer *imaginariam* fazer, mas é uma atitude bastante peculiar dos judeus, que revela o pensamento hebraico.

Temos aqui, portanto, dois mundos completamente distintos que se desenvolveram de forma bastante independente um do outro, embora, geograficamente, estivessem distantes apenas algumas centenas de quilômetros por mar. O Antigo Testamento foi concluído por volta de 400 a.C. Embora o cânon, ou a coletânea reconhecida dos livros do Antigo Testamento, não estivesse definido antes de 100 a.C., por volta de 400 a.C. – antes que os gregos entrassem em cena – a última palavra de nosso Antigo Testamento havia sido registrada.

Malaquias foi o último profeta a trazer uma palavra de Deus. Durante os 400 anos seguintes, Deus ficou em absoluto silêncio. Foi a segunda vez que ele se silenciou por um período de 400 anos. A primeira foi quando os hebreus foram feitos escravos no Egito. A segunda vez, contudo, foi no período que separa os livros de Malaquias e Mateus. Durante 400 anos, Deus não enviou profetas e não se pronunciou, razão pela qual não há em nossa Bíblia nenhum livro escrito durante esses quatro séculos. Foram escritos livros judaicos, e nós os chamamos de apócrifos ou "livros ocultos", mas estes não fazem parte de nossa Bíblia, pois não são palavra *de Deus*. São palavras de homens; expressam histórias e ideias verdadeiras, mas não são palavra de Deus.

É fascinante pensar que uma frase que aparece 3.808 vezes no Antigo Testamento não se encontra uma única vez nos livros apócrifos. É a simples frase "Assim diz Yahweh" ou, segundo nossa Bíblia, "Assim diz o Senhor". Essa frase não aparece durante 400 anos, período no qual não acontecem milagres. É quase como se, por 400 anos, Deus se retirasse da cena terrena.

Especulando, eu diria que esse é o momento em que o diabo aproveita a oportunidade. No espaço de décadas após a última palavra de Deus, os filósofos gregos chegam a passos largos ao palco mundial trazendo-nos *sua própria* filosofia, *seus próprios* pensamentos, *suas próprias* palavras. Em pouco tempo – quase imediatamente após Malaquias – surge Sócrates. Este foi seguido por seu discípulo Platão e, mais tarde, por Aristóteles, tutor de Alexandre, o Grande. Esses três homens em especial nos apresentaram ideias totalmente novas, todo um novo ideal.

A palavra "ideal" é uma característica de seus discursos. Esses filósofos, portanto, nos trouxeram novas ideias e novos ideais. Sócrates, que nada escreveu, apresentou todo o seu ensinamento por meio dos diálogos com seus alunos – perguntas e respostas todo o tempo – cujo tema principal era a lógica e a ética. Em palavras simples, todos esses diálogos referiam-se à conduta moral e às maneiras de transformar pessoas más em boas. Sócrates, no entanto, foi condenado à morte. Acusado de ser ateu e de corromper os jovens, ele foi obrigado a cometer suicídio ingerindo cicuta. Enquanto bebia o veneno, Sócrates discursou a seus alunos sobre a alegria da morte e o livramento que ela proporcionaria.

Seu discípulo Platão, no entanto, escreveu muito, tanto em poesia quanto em prosa, e inaugurou em Atenas uma academia que reunia alunos de todas as partes do mundo conhecido na época. Aristóteles, que veio em seguida, o terceiro dos três grandes filósofos, escreveu 400 livros. O ensino desses três homens se difundiu por toda a Europa e pela civilização ocidental e teve profunda influência sobre todos nós, quer aprovemos ou não suas ideias. Sem que estivéssemos cientes, a influência grega veio a nós através de nossa educação tradicional.

Esses três homens foram os pais da *filosofia* grega, palavra que significa simplesmente: forma de pensar. A influência desses homens também atingiu profundamente a cultura grega. Quero, no entanto, fazer uma distinção entre a cultura grega e a filosofia grega, meu tema principal. A Bíblia afirma: "Porque, como imaginou no seu coração, assim é ele" [ARA]. Em outras palavras, a forma como pensamos moldará nossa conduta, nosso caráter e nosso estilo de vida. Nossa maneira de pensar é a chave do tipo de pessoa que somos – tanto individualmente quanto coletivamente – na sociedade. O que pensamos sobre nós mesmos e sobre o mundo em que vivemos, o que pensamos a respeito de Deus lá no alto, tudo isso moldará nosso caráter, moldará nosso estilo de vida, tornando-nos o que somos.

Quero agora concentrar-me em um aspecto específico do pensamento grego que tem corrompido a fé cristã mais do que qualquer outro. Ele encontra-se no campo das ideias e dos ideais. Quando você tem ideais, tem valores. Todos têm valores – mas se há valores, há também uma escala de valores, um tipo de escada. No topo dela, colocamos tudo o que mais valorizamos e, na base, as coisas às quais atribuímos menos valor. Com isso, temos uma escala de valores, e todos têm uma escala assim.

Gostaria que você fizesse uma lista: o que você se arriscaria a buscar em sua casa se ela estivesse em chamas? A lista revelaria imediatamente o que está no topo de sua escala de valores. Vou lhe dizer agora o que eu voltaria para buscar: minha Bíblia. Não porque eu seja um crente excepcional, mas porque nela estão anos de anotações e textos sublinhados, e o fruto da minha reflexão por anos e anos, e tudo isso me faria extrema falta. Eu voltaria para buscar minha Bíblia (depois da minha esposa, é claro). O que você correria para salvar? O que está em sua escala de valores? De que elemento de seu estilo de vida atual você estaria disposto a abrir mão, e a qual você se agarraria mesmo sob o risco de morte?

Os gregos, esses filósofos, ensinaram uma escala de valores que vou lhes apresentar. Imagine uma escada. O degrau mais alto pode ser chamado de "espiritual". Para eles, as coisas espirituais têm valor maior. O degrau inferior pode ser chamado de "físico", pois era o que eles menos valorizavam – estamos nos referindo aos filósofos agora. Em que lugar eles colocariam os aspectos mentais e intelectuais? No segundo degrau de cima para baixo, muito próximo ao que é espiritual. Consegue perceber o que está acontecendo? Um abismo está se abrindo entre a esfera espiritual, e possivelmente a mental, no topo, e a esfera física e material, muito abaixo, e embora o intuito fosse apenas criar uma escala de valores, o resultado acabou se transformando no que chamamos de "dualismo", uma nítida divisão da vida em dois compartimentos, um deles muito valorizado, e o outro praticamente sem valor algum. Uma fenda abriu-se entre o espiritual e o físico, e assim que se estabelece esse tipo de divisão, todas as outras coisas seguem o mesmo padrão.

Começamos a dividir o homem em duas partes: corpo e alma. É impressionante o número de pessoas que acreditam que os cristãos pensam dessa forma. É grega, no entanto, a ideia de que sou uma alma em um corpo. Quando Deus soprou no corpo de barro que havia criado, ele apenas soprou no pó e Adão tornou-se uma alma vivente. Para muitos, isso significa que Deus deu ao barro uma alma. O texto, porém, afirma "O *homem* [ou seja, o barro] se tornou alma vivente". Essa mesma frase "alma vivente" pode ser encontrada em Gênesis em referência aos animais. Os animais são almas viventes porque no pensamento hebraico uma alma é um corpo que respira. Não é algo *distinto* do corpo; é um corpo que tem vida, um corpo vivo, que respira.

É por isso que, quando nossa segurança física é ameaçada, enviamos um sinal de "SOS" (*Save Our Souls*), cujo significado é "salve nossas almas". Na verdade, o que estamos querendo dizer é "mantenha nosso corpo respirando"! Começamos agora a compreender o pensamento hebraico.

No entanto, a ideia de que somos formados por duas partes: o corpo, que tem pouco valor, e a alma, onde está o verdadeiro valor, levou os cristãos a falar na salvação de almas, quando, na verdade, somos chamados para salvar *a pessoa como um todo* – seus corpos vivos, inclusive. Perceba como isso afeta nossa forma de pensar.

Vamos avaliar um cântico cristão que é inteiramente grego em sua essência. Os versos do hino "Marchando vem Jesus" substituíram a letra original da canção abolicionista *John Brown's Body* (O corpo de John Brown) que dizia: "O corpo de John Brown está se desfazendo na sepultura. O corpo de John Brown está se desfazendo na sepultura. O corpo de John Brown está se desfazendo na sepultura. Sua alma está marchando". Isso não corresponde à convicção cristã; representa o que os gregos acreditavam. É impressionante, contudo, o número de pessoas que se expressam como gregos em funerais cristãos.

Não basta o homem ser dividido em corpo e alma, a vida também se divide entre sagrado e secular. Há algum tempo, um ex-missionário veio falar comigo na igreja:

— O que você está fazendo agora que voltou do campo? – perguntei.

— Voltei à engenharia. Estou novamente em um emprego secular – ele respondeu.

— Não está, não – retruquei.

— Estou, sim – repetiu. – Eu era missionário e agora voltei a ser engenheiro.

— Você tem um chamado sagrado – insisti. Ele olhou para mim como se eu fosse de outro planeta. Nada é secular, exceto o pecado. Deus coloca todas as atividades profissionais legítimas no mesmo nível.

Voltarei a esse ponto, pois temos a tendência de dividir as pessoas entre as que exercem uma função sacra/religiosa e as que têm um emprego secular. Esse é o pensamento grego. Não existe emprego secular. Há ocupações imorais e ilegais. Essas são seculares. Mas Deus prefere um bom taxista a um missionário ruim. Tento imaginar quando você se deu conta disso. Mais adiante retomo esse tema. É uma das áreas em que o pensamento grego arruinou nossa postura como cristãos em relação ao trabalho que exercemos.

A vida, portanto, é dividida entre sacro e secular; o universo divide-se em natural e sobrenatural – e essa divisão não é encontrada na Bíblia. Deixe-me lhe fazer uma pergunta: de que lado do universo você colocaria o diabo? Do natural ou do sobrenatural? Perceba que a Bíblia não fala dessa forma. A Bíblia fala em Criador e criaturas. Então, de qual *desses* lados está o diabo? Ele é uma criatura. O pensamento grego logo nos leva a colocá-lo no lado sobrenatural, em equivalência com Deus, mas essa não é a categoria apropriada.

Além disso, dividimos a religião entre céu e terra, entre eterno e temporal, e esse abismo parece se abrir. A morte, portanto, em vez de inimiga, torna-se uma amiga. Na Bíblia hebraica, do início ao fim, a morte é encarada como um inimigo, pois representa uma restrição. Com a morte, perdemos o corpo e isso nos restringe. Depois de mortos, não podemos mais nos comunicar com os vivos. Passamos a estar separados daqueles que amamos. A morte é uma restrição, uma inimiga. Ela destrói famílias. Para os gregos, no entanto, a morte era uma amiga. Pense em Sócrates ingerindo cicuta e dizendo: "Estou prestes a ser liberto da prisão do meu corpo".

Tenho uma ilustração para isso. Imagine um copo de água. Para os gregos, o copo é meu corpo e a água, minha alma, que está aprisionada nesse corpo. Ela precisa ser liberta. Na ocasião da minha morte, é como se alguém derramasse a água do copo de volta no oceano e arremessasse o copo contra as pedras. Sou liberto de meu corpo. Minha alma flui de volta ao oceano da realidade. O problema é que ela perde sua identidade. A água não sabe quem é. Está perdida.

Os gregos, no entanto, viam a morte futura como uma amiga – uma libertação da prisão do corpo. Ouvi em muitos funerais as palavras "Que misericordiosa libertação", como se a pessoa estivesse agora livre de todo o sofrimento. Na verdade, é até possível que ela tenha passado a enfrentar sofrimento pior, mas a aparência é de libertação, pois os músculos relaxam e o corpo está em paz. A morte, contudo, é uma restrição. É uma inimiga. O Antigo e o Novo Testamento sempre a tratam como inimiga: trata-se do último adversário que enfrentamos, um adversário vitorioso, que precisa ser vencido por Deus. A boa notícia é que a morte foi vencida por Cristo. Mas ela é inimiga. Não deve ser acolhida – jamais.

Não se trata tampouco de um evento natural; é uma execução para todos nós. Este corpo que estou usando um dia apodrecerá, porque quero ser enterrado e não cremado. Este corpo se tornará uma horrível massa pútrida que ninguém desejará ver, tocar ou cheirar. Por que isso acontece? Porque uma pessoa podre viveu ali. É a sentença de Deus para aqueles que estão apodrecidos: que seu corpo se decomponha. Razão pela qual ele afirmou, mil anos antes da vinda de Jesus: "Porque tu não me abandonarás no sepulcro, nem permitirás que o teu santo sofra decomposição", por isso Jesus ressuscitou antes do quarto dia.

Voltemos agora a esses filósofos gregos. São dois os principais efeitos desse chamado "dualismo" – essa divisão entre sacro e secular, temporal e eterno, físico e espiritual.

Esse abismo profundo tem efeitos em duas importantes questões da vida. A primeira: *o conceito de bom;* e a segunda: *Deus*. O dualismo afetou o pensamento grego com relação ao que é bom e quem é Deus. Vamos ver primeiramente o conceito do que é "bom". Quando se tem em alta conta tudo o que é espiritual e se dá pouco valor ao que é físico do ponto de vista estético, não demora até que os valores estéticos se transformem em valores morais.

Posso lhe dar um bom exemplo: as roupas de domingo. Elas podem ser puramente estéticas. No entanto, cresci ouvindo que se não vestisse as roupas de domingo estaria pecando, portanto os valores estéticos se infiltraram nos valores morais. Uma de nossas maiores dificuldades é fazer a seguinte distinção: quais são os valores estéticos e culturais, e quais são os valores genuinamente morais? Eles se confundem.

A consequência do pensamento grego a respeito do que é bom foi a classificação das coisas espirituais como boas e das físicas e materiais como ruins. Podemos imaginar aonde tal noção pode levar. Ela conduziu à convicção de que o corpo era a fonte do mal, e a alma, a fonte do bem, e que a tarefa da alma era livrar-se da influência maligna do corpo; pois vivemos em um mundo físico e material, com corpos físicos, e o mal está à nossa volta; precisamos ser libertos do físico a fim de sermos bons. Essa, no entanto, é uma ideia extremamente *perigosa* que, lamentavelmente, afetou o pensamento cristão de forma direta. Trata-se, contudo, do *pensamento grego*.

Quando pensavam em Deus, os gregos o colocavam lá em cima, no campo espiritual, o mais distante possível do mundo físico e, consequentemente, separavam o Criador de sua criação. Não lhes era possível crer em um Deus que se enredasse neste mundo físico, que tivesse qualquer relação com ele. Ele o havia renunciado. Deus é *espiritual*. Está lá em cima; encontra-se em um mundo espiritual muito distante deste mundo inconstante e limitado no tempo e espaço, este mundo físico em que vivemos. Surge, contudo, um problema. Se Deus está muito acima de tudo o que é físico e material, e jamais sujou as mãos com as coisas físicas, quem criou tudo *isso*? Os gregos oferecem duas respostas bastante curiosas. Vou apresentá-las aqui, mas você as compreenderá melhor um pouco mais adiante.

A primeira resposta era crer na existência de um tipo de semideus, o que chamamos de "demiurgo". É uma palavra estranha. Significa alguém que é metade deus, alguém que se situa entre Deus e o mundo. Eles preconizavam que este ser partilharia da responsabilidade de criar e sustentar o universo físico, mas o próprio Deus estava muito acima de tudo isso. Deus tinha um tipo de representante, um agente que sujava as mãos no mundo físico em seu lugar. Essa era uma das respostas.

Segundo a resposta oferecida por Aristóteles, o mundo jamais foi criado, a matéria é eterna, o universo sempre existiu e conduz a si mesmo. Curiosamente, Aristóteles foi o primeiro a ensinar a teoria da evolução. O universo, sendo eterno, é considerado responsável por controlar e evoluir a si mesmo. É totalmente independente de Deus. Essa ideia ganharia destaque somente dois mil anos depois, através de um homem chamado Erasmus Darwin, avô de Charles. Erasmus era um absoluto ateu, pensava como Aristóteles e ensinava a teoria da evolução a seu neto Charles.

Apenas pelo que acabo de esboçar de forma breve e inadequada – simplista, na verdade – acredito ser possível detectar o início do humanismo secular. Os fundamentos do humanismo secular dos nossos dias foram lançados na Grécia. O mundo em que vivemos é o mundo da privatização da religião, no qual você pode ser religioso no âmbito privado, mas não pode esperar, de forma alguma, que a religião se aproxime dos interesses coletivos. Isso começou lá atrás.

Vou lhe contar agora a história da interação entre os mundos grego e hebraico e, em seguida, analisar alguns exemplos de áreas específicas do pensamento cristão em que fomos gravemente induzidos ao erro pelo pensamento grego. Finalmente, quero lhes ensinar como neutralizar essa influência, como curar-se dela, como *desgrecizar-se*, pois não conseguiremos *desgrecizar* a Igreja a menos que seus membros passem pelo processo. A Igreja em si não existe sem nós, portanto somos nós que precisamos ser libertos dessa influência.

Primeiramente, contudo, quero lhe apresentar um breve histórico do encontro entre os mundos grego e hebraico e as consequências desse encontro. Retornaremos ao período antes de Cristo, e nossa atenção deve voltar-se para as duas cidades do Mundo Antigo que foram palco desse encontro: Jerusalém e Alexandria, no Egito. Vejamos Jerusalém, primeiramente. Tudo começou quando certo invasor, um rei sírio chamado Antíoco Epifânio, ou Antíoco IV, chegou a Jerusalém. Deslocou-se desde a Síria para invadir o pequeno território de Israel e tomar a capital. Rendido à cultura grega, Antíoco Epifânio estava determinado a impô-la a toda nação que conquistasse. A cultura grega, portanto, foi imposta por ele a Jerusalém impiedosamente, e a história é terrível.

Antíoco construiu um estádio esportivo e introduziu a prática do esporte com atletas nus, e nada poderia ser mais ofensivo ao povo judeu. Foi ao templo e, no altar, erigiu uma estátua de Zeus – "o pai de todos os deuses". Sacrificou porcos no altar. Em lugar de cordeiros, havia porcos assados. Também trouxe prostitutas ao santuário dos judeus e encheu os aposentos dos sacerdotes até transformar o local em um prostíbulo. Esse evento teve a duração de três anos e meio. Durante esse tempo, o povo judeu foi violado em todos os sentidos do termo. Um período terrível. Séculos antes, o profeta Daniel havia prenunciado o fato, chamando-o de "sacrilégio terrível" – era a tenebrosa imposição da cultura grega sobre o povo judeu, em seu primeiro contato com ela.

Um comentário à parte: Jesus fez referência tanto à previsão de Daniel quanto aos três anos e meio sob o domínio de Antíoco Epifânio. Ele falou sobre um período de aflição jamais visto, que viria antes do fim dos tempos. Seria conhecido como a Grande Tribulação e duraria três anos e meio; quarenta e dois meses; 1.260 dias. Esse registro encontra-se no livro de Apocalipse, um tipo de evento futuro prefigurado por Antíoco Epifânio: o sacrilégio terrível. A reação entre os judeus foi de absoluto horror.

Dois grupos reagiram fortemente. Uma família de sete irmãos chamados de macabeus. Eles decidiram lutar. Lideraram uma campanha terrorista, conseguiram livrar-se dos gregos e, durante muitos anos, tiveram novamente seu próprio rei judeu – a dinastia dos asmoneus, que perdurou até 63 a.C., quando chegaram os romanos.

O outro grupo que reagiu contra essa invasão de uma cultura estrangeira era um tipo de movimento puritano: se autodenominavam fariseus. Estavam decididos a viver à parte de tudo isso. Não iam ao teatro; não iam aos estádios. Viveriam separadamente e assim se manteriam puros e limpos. Assim surgiram os fariseus, que, a certa altura, se tornariam os maiores inimigos de Jesus. Foi assim. São fatos históricos. Esse, contudo, foi o primeiro encontro das culturas grega e hebraica. Foi assim que terminou.

A imposição dessa cultura ao povo judeu mostrou-se um fracasso. Já na cidade egípcia de Alexandria, localizada no Delta do Nilo, a influência grega impactou de forma muito mais sutil não somente a cultura judaica, mas também seu pensamento, pois, como resultado da diáspora – ou dispersão – os judeus estavam sendo espalhados por todo o mundo conhecido na época, a costa do Mediterrâneo. Judeus da região buscavam estudar na segunda maior universidade grega no mundo. A primeira era Atenas, que Platão havia iniciado. A segunda era Alexandria, idealizada por Alexandre, o Grande, o jovem discípulo de Aristóteles. Ele inaugurou uma universidade em Alexandria, construiu uma nova cidade para onde se dirigiram os estudantes e, posteriormente, os estudiosos judeus.

Foi nesse verdadeiro caldeirão, tendo em comum o curso, as salas de aula e a universidade, que se mesclaram o pensamento grego e o judaico. Quem sairia ganhando nessa situação? Foi exatamente nesse lugar, nessa universidade de Alexandria, que os estudiosos judeus decidiram traduzir a Bíblia para o grego, a fim de que os gregos pudessem ouvir a verdade a respeito do Deus de Israel. Setenta estudiosos traduziram fielmente o Antigo Testamento para o grego. Essa versão foi chamada de "Septuaginta", por causa dos 70 estudiosos que nela trabalharam. Às vezes, numerais romanos "LXX" são usados em referência à Septuaginta, uma abreviatura para o nome dessa tradução para o grego. A proposta era boa. Permitiria que os gregos ouvissem a respeito do verdadeiro Deus, o único Deus, o Deus de Israel.

Temo, contudo, que a influência também tenha tomado outro rumo e um novo método de estudo bíblico tenha sido introduzido ao povo judeu, método ainda usado nos púlpitos cristãos todos os domingos. É chamado de método *alegórico* de estudo bíblico. Segundo ele, há significados espirituais ocultos em toda a Bíblia; o sentido evidente de uma afirmação é apenas um dos significados e, por trás dele, há um sentido espiritual. Para que tenham valor, as afirmações físicas da Bíblia, em especial, devem ter um sentido espiritual oculto.

Desse modo, eles não se contentaram em compreender as afirmações claras, simples e literais da Bíblia, mas começaram a busca pelo código secreto que haveria por trás delas. E assim teve início uma forma de olhar a Bíblia que, em uma linha contínua e única, conduz diretamente a um livro intitulado *O Código da Bíblia*, de autoria de Michael Drosnin. Aposto que você já ouviu falar sobre o livro ou o viu em livrarias. Segundo essa perspectiva, a Bíblia está codificada – cheia de mensagens secretas; repleta de elementos extremamente espirituais. Embora a Bíblia faça uma afirmação simples a respeito de um fato físico, o verdadeiro sentido está oculto por trás das palavras – é uma abordagem alegórica ao texto bíblico.

É evidente que alguns trechos da Bíblia têm alegorias, simbolismos. A maior parte do texto bíblico, contudo, resume-se a afirmações simples e diretas, que devem ser compreendidas pelo que são. Se o leitor sempre estiver à procura de alguma mensagem nas entrelinhas, algum sentido oculto, o grande problema é não haver limites para o que será possível descobrir. Ele diz: "Bem, isso é o que *eu* acho que significa", e outro replica: "Mas eu acho que significa *isso*" – e como determinar quem está certo? Seria possível, portanto, *inserir* na Bíblia o sentido que se deseja encontrar. O nome disso é *eisegese*, bem diferente da chamada exegese, que é a leitura que *extrai* o que já se encontra no texto bíblico.

Certo homem chamado Fílon de Alexandria usou essa abordagem com o Antigo Testamento e apresentou o resultado a seus colegas eruditos judeus. Ele apropriou-se da doutrina grega do *demiurgo* – o criador que está entre Deus e o mundo, não é o próprio Deus, mas um representante, um semideus que criou o mundo. A esse demiurgo ele deu um nome: "o logos". Talvez você saiba que o significado de "logos" é "o Verbo" e logo entenderá sua relevância. Fílon afirmava que o mundo não havia sido criado por Deus, mas pelo *logos* – esse demiurgo, esse meio-termo.

Sequer sabemos ao certo se Fílon pensava no logos como uma pessoa ou se estava simplesmente personificando a força que criou o mundo. Disso não temos certeza. Teríamos de lhe perguntar. Você entende o que quero dizer por personificação? É quando, por exemplo, um homem refere-se a seu carro novo como uma pessoa – "Ele anda muito bem!". Não se trata de uma pessoa, mas você se refere a ele como se fosse. Não temos certeza se Fílon estava personificando o logos ou afirmando que o logos era uma pessoa. Isso, contudo, é apenas parte do que acontecia em Alexandria.

Vamos examinar brevemente o conflito entre o pensamento grego e o cristianismo. Tudo o que relatei até agora aconteceu antes da vinda de Cristo. Após a sua vinda, e conforme a fé cristã se difundia pelo Mundo Mediterrâneo, o choque frontal com o pensamento grego foi inevitável. É claro que, nas primeiras décadas, e possivelmente até meados do primeiro século, o cristianismo esteve protegido pelo fato de ser perseguido. Os crentes eram vistos como pessoas diferentes. Como proscritos ou excluídos. O cristianismo era ilegal, uma *religio illicita*. Os cristãos não eram legalmente reconhecidos como religião; eram perseguidos.

Não preciso entrar em detalhes aqui, mas aconteceu com centenas de milhares de cristãos exatamente o mesmo que ocorreu com pessoas de muitos outros lugares: foram mortos por sua fé. De certa forma, é claro, isso os preservou de serem indevidamente influenciados por aqueles que os viam como inimigos, que os mantinham à distância. Cedo ou tarde, no entanto, o confronto seria inevitável. Sim, estavam cercados pela cultura e pela filosofia. No mundo greco-romano, cresceram as pequenas igrejas.

Quero chamar sua atenção para dois locais. O primeiro deles é o oeste da Turquia. Minha esposa e eu tivemos o privilégio de viajar durante uma semana por essa região com uma equipe de filmagem e outras 50 pessoas. Visitamos as sete igrejas da Ásia, filmando-as, falando sobre elas, estudando as cartas que Jesus lhes escreveu. Espanta-me pensar que as pessoas prestam mais atenção às cartas de

Paulo do que às de Jesus. Não é surpreendente? Temos apenas sete cartas escritas por Jesus às igrejas, e elas são maravilhosas, porém restritas a uma pequena região. É possível identificar essa região com clareza, não apenas em um mapa, mas também observando-a do alto. Tenho uma imagem da Turquia feita por satélite na qual se vê uma estreita faixa verde ao longo da extremidade superior, na costa do mar Negro. O restante é marrom e seco, exceto por um pequeno círculo a sudoeste, que tem um verde claro. Esse círculo verde cobre a região das sete igrejas da Ásia ou, pelo menos, o que resta delas.

Era uma área fabulosamente fértil e rica, cortada por rios. Um deles chamava-se rio Meandro. Já ouviu falar? Todos os rios com características geográficas semelhantes às do rio Meandro [sinuosidade e curvas bem acentuadas] receberam esse nome como descrição. Esses rios produziram vales excepcionalmente férteis. Um lugar onde havia ouro. E onde o dinheiro foi inventado. O rei Creso vivia ali e inventou o dinheiro para facilitar a troca de mercadorias. É provável que você nunca tenha ouvido, mas Creso era tão rico que deu origem à expressão: "rico como Creso". Nessa região encontramos um exemplo extremamente concentrado da cultura greco-romana. Caminhar pela rua principal de Éfeso e observar as ruínas do teatro, a biblioteca e a magnífica arquitetura grega é perceber que nesse círculo concentrava-se a cultura e a filosofia do mundo clássico.

Além de ser cheia de riqueza e cultura, a região localizava-se na principal estrada que ligava a Europa à África e à Ásia. A estrada, na verdade, bifurcava-se ali e circundava os dois lados do pequeno círculo, unindo-se novamente e seguindo para a Índia, China e África. Era uma região importante, e, no fim do primeiro século d.C., havia ali sete pequenas igrejas.

O diabo tornou essa área sua prioridade. Sua sede, na realidade, também ficava na região, em uma cidade chamada

Pérgamo. Jesus disse em sua carta à igreja de Pérgamo: "Sei onde você vive, pois é onde Satanás habita". Satanás não pode estar em mais de um lugar ao mesmo tempo. Ele tem um quartel-general que, naquela época, localizava-se em Pérgamo, no oeste da Turquia, no topo da mais alta montanha, de onde se avistava a cidade.

Se você for a Pérgamo hoje, encontrará no topo dessa montanha teatros, um estádio e bibliotecas; uma das mais magníficas coleções de cultura concentra-se no alto desse monte. Para chegar lá, é preciso subir por uma estradinha sinuosa – muito íngreme. Se você esteve em Pérgamo, lembra-se desse monte. É possível ver o trono de Satanás? Não, pois foi levado para a Alemanha. Se quiser vê-lo hoje, você precisa ir ao Museu de Pérgamo, em Berlim, para onde foi transferido, pedra por pedra, por um arqueólogo alemão. Trata-se de uma poltrona gigantesca, um templo no formato da letra "u". No meio dele havia um altar, de onde uma fumaça escura subia ininterruptamente. Da cidade logo abaixo, era possível ver esse enorme trono com centenas de pilares gregos e os degraus que conduziam até ele. Eu o vi em Berlim. Os degraus sobem a uma grande altura até o altar.

Hoje só é possível ver a base do altar. Naquele tempo, no entanto, era onde situava-se o trono de Satanás – sua cátedra. Essa é a razão pela qual Jesus escreveu a essas sete igrejas. Tratava-se de uma situação de risco. Se aquelas sete pequenas igrejas fossem capazes de sobreviver ali, a Igreja sobreviveria em qualquer lugar. Ou será que elas se renderiam às culturas e filosofias que as pressionavam? Foi por essa razão que Jesus escreveu a essas igrejas e não a outras. Fiz um vídeo sobre as cartas escritas por ele, com imagens das cidades e de suas ruínas. Assista-o. Deus está usando esse vídeo como palavra profética para a Igreja hoje. Jesus, de alguma forma, estava dizendo àquelas igrejas: "Vocês estão cedendo. Há idolatria; há imoralidade mesmo dentro de suas igrejas".

Um dos aspectos mais surpreendentes que destaco nesse vídeo é que a distância entre as igrejas e o quartel-general de Satanás determinava o problema apresentado pelas igrejas. As duas igrejas mais próximas à sede de Satanás estavam corrompidas pela idolatria e pela imoralidade. As duas igrejas mais distantes do trono de Satanás estavam sendo atacadas exteriormente pelo povo judeu, a quem Jesus chama de "sinagogas de Satanás". No entanto, as duas igrejas mais distantes do trono de Satanás – Laodiceia e Éfeso – não eram de forma alguma perturbadas por Satanás. Uma delas havia perdido seu primeiro amor e a outra simplesmente não era quente nem fria, mas morna. É fascinante ver que os problemas que as igrejas estavam enfrentando tinham relação direta com sua distância do trono de Satanás. Seja como for – você precisa assistir ao vídeo e estudar o tema. A essas sete igrejas Jesus revelou o futuro da civilização ímpia. O restante do livro de Apocalipse é simplesmente uma revelação da condição final da civilização ímpia. E ele está dizendo: Não se desvirtuem também. Saiam da Babilônia antes que os pecados dela os destruam.

No campo do pensamento, inevitavelmente, a primeira questão que surge é a pessoa de nosso Senhor Jesus Cristo. Se o seu cérebro faz separação entre físico e espiritual, céu e terra, eterno e temporal, sagrado e secular – se você pensa dessa forma, em que categoria colocaria Jesus? Em qual extremidade da escada ele está? Está começando a perceber o problema?

Seria ele, de fato, o demiurgo grego, o meio-termo, o semideus? É na cidade de Éfeso, a maior desse círculo de ouro, onde surge a primeira indicação do Novo Testamento de que as pessoas começaram a tentar encaixar Jesus no pensamento grego, acreditando que ele não poderia ser ambos; que não poderia estar lá em cima e aqui embaixo; não poderia ser, ao mesmo tempo, Deus e homem; espiritual e físico, mas que deve estar em algum ponto mediano, nem totalmente divino, nem totalmente humano, mas como o demiurgo grego, em algum ponto entre os dois. Estou me expressando de forma bastante simplista aqui, mas foi isso, basicamente, o que o pensamento grego a respeito de Jesus começou a produzir.

Não é um problema desconhecido hoje. As Testemunhas de Jeová que batem à sua porta pensam da mesma forma a respeito de Jesus. Elas são incapazes de aceitar que Jesus é totalmente Deus e totalmente homem. João, portanto, o último apóstolo vivo, o único a morrer na velhice e que viveu em Éfeso com Maria, mãe de Jesus, até a morte dela (no vídeo você verá minha visita ao túmulo do apóstolo João, onde agradeço ao Senhor por esse homem), escreveu um Evangelho e três cartas para lidar com essa situação. O propósito do Evangelho de João pode ser expresso de forma simples. Seu intuito era dizer a todos: vocês devem continuar crendo que Jesus é totalmente humano e totalmente divino. Para enfatizar sua humanidade, o versículo mais breve do Evangelho de João (e da Bíblia) é "Jesus chorou" – diante do túmulo de Lázaro. Jesus era totalmente humano.

Na verdade, Jesus é *mais humano* (se é que se pode fazer tal afirmação) no Evangelho de João do que nos outros três. Porém ele é claramente mais divino nos outros três Evangelhos. João apresenta sete testemunhos de que Jesus é Deus, sete milagres sensacionais [cinco deles são completamente novos e dois aparecem também nos registros de Mateus, Marcos e Lucas], e sete afirmações "Eu sou", que é o nome de Deus: "Eu sou o pão da vida"; "Eu sou a luz do mundo"; "Eu sou o bom pastor"; "Eu sou a ressurreição e a vida", "Eu sou a videira verdadeira"; "Eu sou a porta"; "Eu sou o caminho, a verdade e a vida"... Às vezes, apenas "Eu sou". João, com grande ousadia, estava perguntando de forma intrigante: como referir-se a Jesus antes de seu nascimento? Afinal, ele não se chamava Jesus antes de ser concebido; esse é um nome humano. Num lance ousado e genial, João afirmou: "Ele é o logos".

O logos, contudo, não é o meio-termo entre Deus e o homem. "No princípio era o logos. E o logos estava face a face com Deus, e o logos *era Deus*." Não se trata de um demiurgo; não é o ponto mediano da escala. O logos era *Deus fez-se carne* e habitou entre nós. Consegue perceber do que trata o Evangelho de João?

Ele está dizendo que Jesus estava lá em cima e está aqui embaixo. Ele é plenamente Deus e plenamente homem. Ele é o logos que engloba ambos, não o logos que é o meio-termo entre os dois.

Tenho dado destaque ao sudoeste da Turquia, pois foi lá onde o primeiro grande encontro entre os pensamentos grego e hebraico aconteceu, e onde o próprio Jesus interviu com cartas e com uma revelação sobre o futuro para tentar manter essas igrejas puras, evitando que fossem engolidas pelo mundo greco-romano. Quero agora, no entanto, que você volte sua atenção para a África, onde receio que a batalha tenha sido perdida. A batalha foi vencida no sudoeste da Turquia e muitos cristãos pagaram o preço do martírio. Entre eles estavam homens como Policarpo, o bispo de Esmirna (hoje, a moderna Izmir). Peço, no entanto, que você me acompanhe primeiramente à cidade de Alexandria, onde viveu Fílon, o acadêmico judeu. Acadêmicos cristãos, em especial dois homens chamados Clemente e Orígenes, vieram à mesma universidade. Assimilaram esse mesmo método alegórico de estudo bíblico, a mesma postura de não aceitação da Bíblia pelo que ela apresenta, buscando encontrar um sentido ou significado espiritual, algum código oculto em seu texto. Chamo isso de "superespiritualidade" porque, na verdade, os gregos se tornaram superespirituais. Esses eruditos cristãos seguiram Fílon e seu método, assim como fazem muitos pregadores cristãos nos dias de hoje.

Vejamos um exemplo. Você já ouviu mensagens sobre as águas que fluem do rio que sai do templo (o registro está no final de Ezequiel)? O homem entra no rio e a água está à altura dos tornozelos, em seguida dos joelhos e depois da cintura. Pregadores usam essa passagem como uma alegoria, relacionando-a ao nosso século. Bem, minha primeira pergunta a respeito da visão de Ezequiel é: a água significa água mesmo ou tem outro significado? A leitura do texto mostra que ela, claramente, significa água – H_2O. Esse é seu sentido óbvio. Essa água, na realidade, flui em uma localização geográfica. Ela corre por um vale, em direção ao mar Morto, chega a um lugar específico chamado Ein Gedi, e enche o mar Morto com água fresca. Há pescadores ao longo daquela costa. Trata-se apenas da visão do que Deus pode e deseja fazer: revigorar o mar Morto. Aleluia! Ah, mas espere, precisamos encontrar um sentido alegórico! Eu pergunto, então: qual é o sentido alegórico de Ein Gedi? Penso que significa apenas Ein Gedi. Qual é o sentido alegórico dos pescadores? Ah, são os evangelistas... Quem disse isso?

Vou lhe dar outro exemplo. Após a ressurreição, Jesus disse: "Dirijam-se para a Galileia, lá me verão" e os discípulos seguiram para o norte. Ficaram ali por alguns dias, mas Jesus não apareceu, e Pedro não conseguia ficar parado. Então, ele informa: "Vou pescar". João responde: "Tudo bem, eu vou com você". Talvez ele também não tivesse nada para fazer. E assim seguiram eles para a pescaria, mas mesmo tentando por toda a noite, nada pescaram. Já passei uma noite com pescadores no mar da Galileia; é uma experiência maravilhosa. Se você lançar a rede, pode pegar cinco peixes, sete, se tiver sorte. Então você continua lançando as redes. Os discípulos, porém, tentaram a noite toda e nada pescaram. O sol desponta pela manhã, e um homem na praia lhes diz que estão fazendo tudo errado. Se você vir um pescador, saiba que ele espera que você o aconselhe. Ele espera que alguém venha lhe dizer: "Você está fazendo tudo errado. Tente dessa forma e terá sucesso". Experimente fazer isso com o próximo pescador que encontrar – ele ficará muito grato!

O homem disse: "Lancem as redes dessa forma, e não daquela". Eles obedeceram e pescaram 153 peixes de uma só vez. Você não vai acreditar o que os pregadores já tentaram fazer com essa informação. Sua interpretação favorita do número 153 é: 12 apóstolos ao quadrado é igual a 144, o triplo das três pessoas da trindade é nove, e 144 mais nove é igual a 153. Trata-se, portanto, de um símbolo dos 12 apóstolos somados à trindade. E, entre as interpretações sugeridas, essa é a mais razoável!

Dezenas de sentidos alegóricos são atribuídos aos 153 peixes. Vou lhe dizer o que o número 153 realmente significa. Seu verdadeiro significado é: trata-se de um bocado de peixes. Começamos a ler o que não está no texto bíblico, tentando encontrar algum sentido espiritual oculto. Apenas louvemos ao Senhor pela quantidade de peixes. Está entendendo a mensagem? Todos nós fazemos isso. Receio que Clemente e Orígenes tenham começado a fazê-lo para a Igreja cristã. Obviamente, você pode usar o texto bíblico para comprovar aquilo que desejar.

Mas vamos seguir a oeste, ao longo da costa africana, em direção à região hoje chamada de Tunísia, especificamente a uma cidadezinha insignificante chamada Hipona. Lá encontrava-se o jovem que fora enviado para ser o bispo local e hoje é o homem mais conhecido da história da Igreja. Seu nome era Agostinho.

Agostinho cresceu na Itália, onde recebeu uma educação clássica no que é chamado de "neoplatonismo" ou o resgate dos ensinamentos de Platão para a época. No entanto, como a maioria dos efeitos dessa cultura, seu corpo e sua alma seguiram caminhos diferentes. É o que pode acontecer quando se divide um homem. Sua alma estudava filosofia e buscava o bem, mas seu corpo tornou-se promíscuo. Ele teve uma amante e um filho ilegítimo, a quem, mais tarde, abandonou. Agostinho era um fanfarrão, mas, obviamente, não acreditava que o que fazemos com nosso corpo afeta nossa alma. Os dois elementos eram bastante distintos. Essa, contudo, foi sua vida. Ele chegou a unir-se à seita dos Maniqueus, para os quais a matéria física era incuravelmente má. Se considerarmos a forma como ele viveu, e o que fez com seu corpo, fica evidente que Agostinho acreditava nisso.

Com esse passado, Agostinho sentiu-se culpado por seus pecados, teve contato com um bispo de muitas virtudes chamado Ambrósio (bispo de Milão), autor de um cântico que talvez você tenha ouvido muitas vezes: "Louvamos-te, ó Deus: reconhecemos que és o Senhor; Toda a terra te adora; o sempiterno Pai...". Você conhece? Chama-se *Te Deum*. Se você leu *As Confissões*, obra de Agostinho, sabe que ele converteu-se de forma dramática e foi discípulo desse virtuoso bispo Ambrósio. Posteriormente, Agostinho foi indicado para tornar-se bispo de Hipona, na região onde hoje fica Tunísia, e ali cumpriu seu dever.

A princípio, Agostinho pregava um evangelho simples, com base no texto bíblico tal como se apresentava, mas logo começou a pregar e a escrever reprovando ideias e pessoas. Lamentavelmente, é possível deduzir o que aconteceu. Quanto mais ele escrevia e pregava contra pessoas, mais era dominado por sua antiga forma de pensar. Em palavras muito simples, afirmo que Agostinho, mais do que qualquer outro, reconfigurou a fé cristã segundo uma estrutura grega e, desde então, tem influenciado toda a Igreja. Na Parte 2 eu lhe darei mais exemplos. Os católicos recorrem a Agostinho como pai de seu pensamento, mas os protestantes fazem o mesmo. Tanto católicos quanto protestantes consideram esse homem o maior teólogo da Igreja.

Como monge agostiniano, Martinho Lutero foi educado nos

ensinamentos de Agostinho. Calvino estudou os ensinamentos de Agostinho na universidade, em Paris, e seu *magnum opus*, os imensos volumes de sua obra *As Institutas*, são corretamente descritos como "agostinianismo sistemático". Na Igreja Metodista onde cresci, fui ensinado que os quatro principais personagens da tradição evangélica eram Paulo, Agostinho, Lutero e Wesley. Posteriormente, encontrei outros que preferiam Paulo, Agostinho, Lutero e os Puritanos em vez dos metodistas. Agostinho, contudo, aparece em todas as árvores genealógicas de todos os ramos da Igreja. Todos recorrem a ele, porém falo sinceramente quando afirmo que ele causou mais dano à Igreja cristã do que qualquer outro homem. Assombro-me com sua conversão – foi de fato maravilhosa. Mas sua remodelação da fé cristã nos termos neoplatônicos em lugar dos hebraicos foi um desastre.

A Igreja renunciou suas raízes judaicas antes e o tem feito desde então. A Páscoa dos judeus foi logo separada da Páscoa dos cristãos. O domingo de Pentecoste foi rapidamente distinguido do dia de Pentecoste celebrado pelos judeus, e o Natal foi distanciado alguns meses da Festa dos Tabernáculos. E, como Igreja, à medida que ignoramos nossas raízes judaicas, firmamos nossas raízes na filosofia grega, na prática romana e nos costumes pagãos. O Natal *não tem qualquer relação com Cristo*. Ele existe simplesmente porque um papa enviou outro Agostinho a Cantuária com a missão de converter aqueles desagradáveis ingleses. Em resposta ao papa, Agostinho escreveu dizendo: "Não consigo afastá-los de seu festival de inverno, de suas orgias na comida e bebida, do período em que cantam cânticos e dançam, e quando, durante 12 dias, um homem em cada vila pode manter relações sexuais com todas as jovens locais. Ele é o senhor da desordem ou do *yule*". (Reflita na canção *Os Doze Dias do Natal*, do inglês *Twelve Days of Christmas*, e o que ela diz: "Meu verdadeiro amor me disse...". Você não faz ideia do que está cantando.)

O papa respondeu dizendo: "Se não podemos vencê-los, juntemo-nos a eles. Vamos cristianizar o festival. Batize-o em nosso ritual" – e assim o Natal tornou-se uma festividade acima de qualquer crítica. Descobri isso da forma mais difícil. Ousar criticar o Natal é como tocar algo muito sagrado e, no entanto, ele nada mais é que um festival pagão que foi introduzido à fé cristã porque, mesmo após se converterem a Cristo, as pessoas não abriam mão de suas celebrações.

Depois de Agostinho de Hipona, contudo, houve outro personagem, um homem chamado Tomás de Aquino, pois viera de Aquino, na Itália (c. 1225–1274). Tomás de Aquino não introduziu as ideias de Platão na Igreja, mas sim as de Aristóteles. Introduziu uma teologia natural baseada na razão. Era diferente de Platão, pois para Platão a realidade era o mundo espiritual, ao passo que para Aristóteles o mundo natural e físico era a realidade. Ele lançou os fundamentos para a ciência e para o ceticismo evangélico. Em um livro dedicado a John Stott no seu octogésimo aniversário, há um extraordinário artigo que mostra como os evangélicos recorrem a Aquino e a Aristóteles e são céticos a respeito de tudo o que não é racional. *Todos nós*, portanto, somos afetados, de alguma forma, por essa influência grega.

A segunda parte deste livro é mais interessante, pois vamos ver algumas das áreas em que nosso pensamento cristão, mesmo hoje, se distanciou do pensamento hebraico, e como você pode corrigir essa falha em si mesmo.

PARTE 2

Quero abordar cinco temas [ou áreas] relacionados à fé e à conduta cristã, os quais, sem que percebêssemos, foram profundamente afetados com a filosofia de Agostinho. O primeiro deles: os nossos corpos. Os cristãos não sabem bem o que fazer com seus corpos. Não estão interessados em saber sobre funções corporais. Se somos almas boas aprisionadas em corpos maléficos, o último tema sobre o qual devemos falar na igreja é o corpo e suas funções corporais. Certo pároco disse à sua congregação: "Vou lhes mostrar agora a parte do meu corpo que me traz mais tentações". Houve um silêncio mortal na igreja e então ele mostrou sua língua! No entanto, ele estava errado: a língua não lhe causa problema algum. É você quem causa problemas à sua língua.

Você dá graças antes de comer? Fico inclinado a dar graças pelo primeiro prato e pedir perdão pelo segundo. Certa vez, no entanto, eu estava sentado à mesa em um lar cristão, na companhia de um casal e seus dois filhos – acho que o prato era cordeiro assado ao molho de hortelã, algo que me faz salivar antes mesmo de me sentar à mesa. O pai, então, me pediu: "Sr. Pawson, poderia dar graças?".

Eu disse: "Senhor, estou pronto para isso e isso está pronto para mim, então, obrigado", e quando abri os olhos, o homem me fitava horrorizado. Era como se dissesse: "Pensei que tínhamos um homem de Deus aqui", entende? Mas considero um sacrilégio as orações longas quando estamos diante de uma refeição quente. Deus nos deu todas as coisas para que delas desfrutemos livremente. Somos livres para nos banquetear e livres para jejuar.

Você acredita que nosso Senhor Jesus Cristo precisava esvaziar sua bexiga e seus intestinos todos os dias? Curiosamente, os incrédulos têm dificuldades de crer na plena divindade de Cristo, mas percebo que a maioria dos cristãos tem dificuldades de acreditar na plena humanidade de Cristo. Jesus é, de fato, as duas coisas. Ele é, era e sempre será inteiramente um ser humano. No livro de orações dos judeus, há uma encantadora prece para ser feita quando se vai ao banheiro. Nas congregações ocidentais, no entanto, sempre que faço essa afirmação, ouço risadinhas discretas; imagine mencionar isso em uma igreja!

Visito banheiros de muitos lares cristãos onde fico hospedado em todo o mundo. Um banheiro cristão costuma ter uma pilha de livros devocionais ao lado do vaso sanitário e um texto emoldurado na parede – tudo isso com o intuito de manter minha mente nas coisas espirituais enquanto estiver ali. A oração judaica, no entanto, é linda. Ela o leva a agradecer ao Senhor pelo funcionamento adequado do corpo e a louvá-lo porque agora você se sente melhor. Ao sair do banheiro, você está aliviado e diz: "Aleluia!". Se você tem dificuldade de entender que Deus se importa da mesma forma com o que fazemos no banheiro e com o que fazemos na igreja, sua mentalidade é grega. Deus criou o seu corpo. Preste atenção no que vou lhe dizer: uma das humilhações da velhice é não ser capaz de controlar os intestinos e a bexiga de forma adequada. É preciso voltar às fraldas. Acontecerá a alguns de nós e pode ser muito humilhante. Se isso de fato acontecer, você desejará ter feito essa prece quando ia ao banheiro; desejará ter agradecido ao Senhor quando tudo funcionava devidamente. Sempre que menciono isso em uma congregação judaica, não há sequer um sorriso. O Senhor é o Criador e o Redentor. Ele criou o mundo físico; ele criou meu corpo. É algo com o que ele se importa.

Você dá graças antes de manter relações sexuais? Por que não? "Pelo que vamos receber, que o Senhor nos faça verdadeiramente agradecidos" – não lhe parece conveniente? Perceba que, desde o período de Agostinho, não sabemos como lidar com o ato sexual. Foi Agostinho quem afirmou que o sexo, e até mesmo o casamento, é luxúria e concupiscência. Daquele ponto em diante, fortaleceu-se, de alguma forma, o entendimento de que o celibato é uma condição mais santa do que o matrimônio. Na verdade, toda a Igreja tornou-se celibatária em seu sacerdócio pouco depois. Isso é totalmente contrário ao pensamento hebraico, no qual um rabino *deve* ser casado e experimentar o amor para que possa compreendê-lo.

Lembro-me de ser convidado para pregar em uma reunião especial ao ar livre, diante das cataratas do Niágara, no Canadá. Era a primeira vez que um encontro religioso acontecia ali. Que cenário! Três pessoas falariam – primeiro eu, depois um sacerdote católico e, em seguida, um pastor pentecostal. O encontro seria televisionado para todo o Canadá e parte dos Estados Unidos. Eu me levantei e disse: "Eu adoraria falar sobre o cenário atrás de mim, porque conheço aquele que criou as cataratas do Niágara. Seu nome é Jesus e, sem ele, nada do que existe formou-se, pois foi ele quem ajudou a criar este lugar. Mas não vou falar sobre isso. Vou falar sobre sexo, e quero lhes dizer quanto Deus se agrada com o sexo".

Embora mais de mil pessoas estivessem presentes, teria sido possível ouvir um alfinete caindo no chão. Muitas delas frequentavam igrejas e pareciam ter se esquecido de como chegaram a este mundo. Mas continuei: "Foi Deus quem teve a ideia de criar o sexo, esse extraordinário prazer. Foi Ele quem o inventou. O sexo estava presente no mundo muito antes do pecado". Eu disse: "Quando dois jovens prometem fidelidade um ao outro diante de testemunhas, partem para sua lua de mel e selam seus votos com esse extraordinário prazer, Deus está com eles, dizendo-lhes 'eu criei isto' – ele se agrada com o amor entre seres humanos.

Levantou-se, então, o sacerdote católico-romano e afirmou: "Não sou casado e provavelmente nunca serei, mas quero falar sobre lua de mel". O pastor pentecostal, em seguida, colocou-se em pé e disse: "Vocês nunca irão acreditar, mas quando perguntei ao Senhor sobre o que eu deveria lhes falar, ele disse: 'Conte sobre sua lua de mel'". Descobrimos depois que Niágara é a capital da lua de mel na América do Norte. Centenas de casais recém-casados nos ouviam, e todos os hotéis da região tinham suítes especiais para casais em lua de mel.

Tudo isso é impróprio? Perceba que, desde o período de Agostinho, não sabemos o que fazer com nosso corpo, mas a Bíblia afirma que ele é o templo do Espírito Santo. É lugar de habitação de Deus – o corpo, não a alma. A consequência disso é uma atitude excepcional em relação aos sacramentos. As pessoas não acreditam que o que se faz com o corpo tem um efeito espiritual, mas é disso que se trata o sacramento. Comer o pão físico e beber o vinho físico pode ter um profundo efeito espiritual de duas maneiras. Pode servir de juízo para mim, pois também posso adoecer ou até morrer se tomar o pão e o vinho sem discernir o corpo.

Que efeito pode produzir no corpo a imersão nas águas do batismo, visto tratar-se apenas de H_2O? Bem, há um jovem que minha mulher e eu conhecemos. Ele foi membro do grupo *Hells Angels* e tinha o diabo tatuado em seu corpo. Quando se converteu, sabia que deveria ser batizado, mas havia observado que, durante o batismo, as roupas molhadas ficavam transparentes e ele não queria que todos vissem o diabo tatuado em seu corpo. Por isso procurou um cirurgião e lhe perguntou: "É possível remover essa tatuagem?".

O cirurgião lhe disse: "Sim, mas exigirá muito dinheiro e muito tempo. Terei de fazer um enxerto com a pele da sua coxa". O jovem disse que não tinha o dinheiro nem o tempo necessários. Um amigo nosso batizou-o na piscina nos fundos de sua casa. Aquele jovem entrou nas águas para sepultar seu passado e ser lavado de seus pecados, e quando saiu, a figura do diabo havia desaparecido – fora lavada de suas costas ou de onde quer que estivesse. Se você disser àquele jovem que o batismo é apenas um símbolo, ele dará risada.

Os sacramentos são eventos físicos com um profundo efeito espiritual, porque não somos separados em corpo e alma, somos um ser único. Na morte, perdemos o corpo. Isso é bom ou ruim? Se você crê na imortalidade da alma, é bom. Se você crê na ressurreição do corpo, é ruim: é perder seu corpo e ser "despido", como afirma Paulo. A boa notícia, no entanto, é que teremos um novo corpo. Não ficaremos flutuando nas nuvens como espíritos. Vamos receber um novo corpo! Fico feliz com isso, porque o novo corpo será como o corpo glorioso de Jesus, e mal posso esperar para ter 33 anos novamente. Perceba que se agirmos como se nosso trabalho fosse salvar almas apenas, é sinal que não entendemos a mensagem. Devemos salvar a pessoa por inteiro.

O segundo tema é o trabalho, que mencionei anteriormente. Para os gregos, o trabalho era um mal necessário. Era preciso trabalhar para ter dinheiro suficiente para o lazer; melhor ainda adquirir dinheiro suficiente para não precisar trabalhar, razão pela qual tantas pessoas hoje apostam na loteria. "Eu não precisaria mais trabalhar", dizem. Poderiam viver para o lazer. Viver para se dedicar a uma atividade mental e espiritual. Até mesmo o cristianismo tornou-se um tipo de atividade de lazer [aos fins de semana], ao passo que a atividade mais importante que os cristãos podem fazer para o Reino de Deus acontece de segunda a sexta – o seu trabalho diário. Com certa frequência, participo de conferências para homens em todo o mundo, e a primeira coisa que sinto desejo de lhes ensinar é que o trabalho diário é nossa vocação sagrada para o Senhor, e a forma como o desempenhamos determinará nosso futuro.

No entanto, mantemos uma lista categorizada de trabalho: o missionário ocupa a primeira posição; pastores e evangelistas chegam em segundo lugar, seguidos por médicos e enfermeiros, talvez professores, motoristas de táxi e os técnicos de informática. Você sabia que, sem perceber, é essa mensagem que transmitimos na igreja todo o tempo? Dizemos: "Se você se tornar um missionário, oraremos por você regularmente. Colocaremos sua foto no mural da igreja". Não entenda mal o que vou lhe dizer agora, mas já visitei missionários em outros países. Eles estão vivendo em um tipo de vila missionária que conta com um hospital cristão, uma escola cristã e uma população cristã, enquanto um membro "comum" de sua igreja é o único cristão num ambiente não cristão – no chão de fábrica onde trabalha. Quem precisa mais de oração? Quem está na linha de frente? Espero ansioso pelo dia em que colocaremos no mural da igreja a foto de cada membro e diremos: "Este é o campo missionário dessas pessoas. É aqui que trabalham. Ore por elas".

Perceba, contudo, que fazemos distinção do trabalho; assim como faziam os gregos, nós o classificamos: o trabalho espiritual vem em primeiro lugar. Dividimos até as pessoas. A Igreja como um todo fazia distinção entre as pessoas – clérigos e leigos; cristãos amadores e cristãos profissionais. Alguns são verdadeiros cristãos, ou dizemos: "Esses são cristãos de verdade – vivem pela fé –, enquanto esses outros contam com um pagamento ou salário fixo todo mês". Grande bobagem – todos nós temos de viver pela fé. Um microempresário que paga suas contas em dia – um dever cristão – precisa de mais fé para manter seu fluxo de caixa do que eu sempre precisei para viver. Isso é fato.

Desse modo, fazemos distinção entre trabalho sagrado e trabalho secular, trabalho de fé e trabalho que não exige fé, clérigos e leigos, religiosos e não religiosos. Isso influenciou totalmente a Igreja. Martinho Lutero entendeu algo muito bem. Ele disse: "Todo trabalho é igual perante Deus". O Senhor não está interessado no tipo de trabalho que você realiza, mas na forma como o realiza. A esposa de Billy Graham tinha os seguintes dizeres acima da pia da cozinha: "Cultos divinos celebrados aqui três vezes ao dia". Ela entendeu corretamente o conceito de trabalho.

Chegamos a ponto de vestir alguns cristãos de forma diferente. As vestes clericais jamais estiveram nos planos do Senhor Jesus. Encontrei acidentalmente uma surpreendente carta escrita no ano 428 d.C. por ninguém menos que um papa. Ele soube que certo monge havia começado a vestir-se de maneira especial após tornar-se bispo de Arles, na França. O papa, então, lhe escreveu uma carta contundente. Dizia: "O clero deve distinguir-se das outras pessoas por seu conhecimento e *não* por suas vestimentas, por seu modo de viver e não pelo que vestem, pela pureza de seu pensamento e não pela peculiaridade do vestir-se". Lembre-se de que essa carta foi escrita por um papa! Creio que hoje seria preciso enviá-la de volta.

Terceiro tema: observei nossa atitude em relação ao corpo e suas funções corporais, e percebi que é absolutamente grega. Observei nossa atitude como cristãos em relação ao trabalho: também absolutamente grega. Observo agora nossa atitude para com Israel, o povo de Deus. Na aliança que concedeu a Abraão, Deus lhe fez duas promessas *físicas*: primeiramente, descendentes físicos – um povo; em segundo lugar, uma terra, um lugar onde as pessoas vivessem – promessas físicas que Deus jamais invalidou.

O Novo Testamento também afirma que as dádivas de Deus aos patriarcas são irrevogáveis, e elas ainda são físicas. A terra continua sendo um lugar físico e ainda pertence ao povo judeu. Os judeus ainda são um povo físico, são os irmãos de Jesus, ainda amados por Deus por causa dos patriarcas. Não terão a salvação até que creiam em seu próprio Messias, mas são amados. Trata-se do povo escolhido de Deus.

Ele lhes prometeu bênçãos se fossem obedientes, e essas bênçãos, em sua maioria, são físicas: saúde – nenhuma das enfermidades do Egito os tocou; fertilidade – chuva em abundância sobre seus campos. Diante da desobediência, contudo, Deus prometeu maldições que também são físicas – enfermidades, dilúvio, seca; a maioria dos milagres relatados no Antigo Testamento, na realidade, praticamente todos eles, estão relacionados a milagres físicos. O mar Vermelho foi dividido. Mas, embora o rei e o reino de Israel fossem físicos, a nova aliança que firmamos com Israel é inteiramente espiritual. A Igreja mergulhou no que chamamos de "teologia da substituição" e passou a fazer algo que o Novo Testamento jamais faz: chamar a Igreja de "Israel" ou "novo Israel", tornando-se esta uma das expressões mais comuns na Igreja cristã hoje, como se Deus deixasse de lidar com seu povo físico e agora tivesse interesse apenas no seu povo espiritual.

Se assim fosse, não haveria sentido, portanto, mencionar a terra de Israel no contexto atual do Oriente Médio, pois hoje ela seria irrelevante. A principal questão a ser resolvida no Oriente Médio seria simplesmente como alcançar a paz, como se a terra prometida tivesse sido, mais uma vez, tomada do povo de Deus. É claro que eles não a detêm incondicionalmente. Creio que sua *posse* da terra seja incondicional, mas sua *ocupação* é condicional, particularmente pela maneira como tratam os estrangeiros que vivem lá. Mesmo assim, contudo, ainda é válida a promessa física de Deus de uma terra física concedida a seu povo físico. A palavra "Israel" é usada mais de 70 vezes no Novo Testamento, nenhuma delas, porém, refere-se à Igreja cristã.

Trata-se ainda de seu povo na Terra, a quem ele fez uma promessa real e palpável. Posso deixar isso de lado, mas essa é a razão pela qual a maior parte dos cristãos hoje não buscaria um encontro com suas raízes judaicas. Simplesmente não há interesse. A mentalidade predominante é que a Igreja, o Israel espiritual, substituiu o Israel físico. Mais uma vez, o espiritual sobrepõe-se ao físico – é o pensamento grego, e isso sem falar no antissemitismo.

Para finalizar, quero abordar dois temas importantes. A primeira delas é a terra e seu futuro. Vivemos em fé, esperança e amor. "Assim, permanecem agora estes três: a fé, a esperança e o amor" – porém o mais fraco deles é a esperança. Percebo que os cristãos se sentem absolutamente confusos a respeito da esperança para o futuro. Costumo pedir às congregações que visito que respondam a seguinte pergunta: "Você crê que o próximo século será melhor, pior ou igual a este?". Qual das opções você acha que eles escolhem? Oitenta e cinco por cento dos cristãos erguem as mãos indicando que será pior. Há um sentimento de pessimismo. Iniciamos o século 20 com otimismo. A palavra da vez era "progresso". Hoje, não se fala em outra coisa a não ser "sobrevivência". Muitas vozes nos dizem que sequer sobreviveremos mais um século. Segundo muitos programas de computador, 2040 é o ano em que a vida humana se tornará impossível. Se persistirem as tendências atuais quanto a população, alimentos e combustíveis, 2040 é a data estimada para o fim. Isso é pessimismo.

Os cristãos, contudo, são um povo de esperança. Infelizmente, a expressão "ter esperança", ou "esperar", significa "desejar", como em: "Espero que tudo corra bem amanhã"; "Espero ganhar na loteria". O que as pessoas querem dizer é: "Não estou bem certo; na realidade, não tenho certeza alguma". No Novo Testamento, entretanto, "*elpis*", o termo grego para "esperança" significa aquilo de que estou *absolutamente certo* que acontecerá. Uma âncora para a alma quando vier a tempestade.

Sendo assim, qual é nossa expectativa quanto ao futuro? Refiro-me à nossa esperança para esta terra, este mundo. Qual é sua esperança cristã para este mundo? Será, algum dia, um mundo de paz? Certamente não é o que parece, certo? Poderíamos estar entrando na Terceira Guerra Mundial. Uma pequena disputa na região dos Balcãs foi o estopim da Primeira Grande Guerra. Agora, a Rússia está lançando ameaças; como saber? Tudo parece avolumar-se como uma bola de neve – mais e mais personagens envolvem-se progressivamente, e nós, as pessoas comuns, apenas lemos os jornais. O que podemos fazer? Nossos líderes parecem estar empenhados em agravar ainda mais a situação.

Você acha que o desarmamento multilateral será possível algum dia? Acredita que um dia haverá paz mundial? Qual é sua esperança? Estou absolutamente certo de que essas coisas acontecerão, pois Jesus retornará à terra. Esse é o foco da esperança cristã no Novo Testamento. Ele virá em carne e osso, fisicamente. Ele voltará! Dois elementos que, no passado, tiveram muito destaque desapareceram quase por completo do ensino cristão a respeito do futuro. Cristo voltará à terra. Você crê de fato nisso? Acredita que retornaremos à terra após a nossa morte? Quanto a isso você não tem muita certeza, tem? Você crê que voltará a essa velha terra para viver novamente, uma segunda vez? Essa é a esperança cristã para o futuro, pois Deus trará consigo todos os que adormeceram em Cristo Jesus.

Falei em apenas quatro funerais nos últimos anos: o de minha sogra (98); de minha filha (36); de minha irmã (câncer) e de meu cunhado (câncer). Quando afirmei "Eles voltarão", as pessoas presentes me olharam como se eu estivesse ensinando a reencarnação. Mas eles pisarão nesta terra novamente. Quando Jesus voltar à terra, eles também voltarão. Já disse anteriormente que anseio receber um corpo novo em folha, mas isso não acontecerá no céu. Lá eu não preciso de um corpo. Precisarei de um novo corpo quando voltar à terra, porque não é possível viver neste mundo sem um corpo. A terra é o lugar onde você receberá seu novo corpo. É na terra que a ressurreição do corpo acontece – na terra, não lá no céu.

A Bíblia é absolutamente prática quando fala da esperança para o futuro, mas por que Cristo voltará? E o que fará quando voltar? Por que trará de volta consigo todos os cristãos que já morreram? Por que todos nós voltaremos para cá? Alguns acreditam que ficaremos aqui por apenas dois minutos – tempo suficiente para adquirirmos um novo corpo – e tchau. Outros, equivocadamente, repetem a cada domingo as palavras do Credo Niceno, ou mesmo do Credo Apostólico: "De onde [Jesus] virá para julgar os vivos e os mortos". Ele não voltará à terra para julgar os vivos e os mortos. Ele não julgará os vivos e os mortos até que a terra passe.

A Bíblia afirma de forma bastante clara que quando nos apresentarmos perante o grande trono branco, a terra já terá passado. Portanto, ele não voltará para julgar. Então para que ele voltará? Apenas para nos trazer de volta? Por que trazer milhões de cristãos do céu à terra se logo retornarão ao céu? Parece um desperdício de energia.

E por quanto tempo ele ficará? Na primeira vez que veio,

Jesus ficou aqui durante 33 anos. Quanto tempo ficará em sua segunda vinda? Durante 400 anos, a Igreja teve uma esperança clara a respeito do futuro para este mundo, e segundo Papias, o antigo bispo de Hierápolis, essa esperança era: "Cremos nesse Cristo... no reino corpóreo de Cristo na terra", ou nos mil anos que constituem o reino corpóreo de Cristo na terra. Fico abismado com isso: a palavra "milênio" costumava ser o centro da pregação da Igreja, e agora todos fazem uso dela, exceto os cristãos. Não é inacreditável?

Minha Bíblia me diz de forma bastante clara que ele voltará para governar o mundo durante mil anos, e nós partilharemos com ele esse reino, aqui na terra. Diz a Bíblia: "Com teu sangue compraste para Deus homens de toda tribo, língua, povo e nação. Tu os constituíste reino e sacerdotes para o nosso Deus, e eles reinarão sobre a terra". Não é lá em cima, mas aqui embaixo. Os humildes herdarão a terra. Não o céu, mas a *terra* – foi Jesus quem disse que aconteceria. Quando o ano 2000 se aproximava, todos falavam sobre o milênio, mas referiam-se ao milênio errado.

Uma semana após o início do ano 2000, tudo estava exatamente como na semana anterior. *O* milênio, contudo, traz consigo a grande esperança de saber que um dia o diabo será expulso. A razão pela qual não podemos ver o Reino de Deus estabelecido na terra antes do retorno de Jesus é porque não conseguimos nos livrar do príncipe deste mundo, o diabo. Você não é capaz de livrar-se dele, nem eu. Podemos resgatar suas vítimas e transportá-las do império das trevas para o Reino de Cristo. O diabo é demasiadamente esperto e poderoso para você. Ele somente será expulso quando Jesus voltar, e então o mundo finalmente terá um governo cristão.

Talvez você tenha cantado o hino: "Cristo Jesus com poder reinará; onde o sol aqui brilhar; de leste a oeste sobre todos é o Senhor; até o sol não mais se por" ou meu hino preferido quando criança: "Ao Rei vindouro, Jesus, exaltai, glória ao Cordeiro de Deus tributai; paz e justiça e gozo há de ter o seu reinado quando ele for Rei!". Você crê nisso? Ele voltará para governar, para reinar, e se há algo que anseio ver a Igreja anunciar é que Jesus voltará para reinar por mil anos, aqui, neste velho planeta Terra. Então você verá as nações fazendo "...de suas espadas arados, e de suas lanças foices. Uma nação não mais pegará em armas para atacar outra nação, elas jamais tornarão a preparar-se para a guerra".

Há um bloco de granito na área externa do edifício da Organização das Nações Unidas, em Nova York, que tem essa metade de texto gravada. A outra metade do texto bíblico, porém, afirma: "quando o Senhor reinar em Sião". *Ele*, Jesus, resolverá as disputas entre as nações e, *então*, elas trocarão suas espadas por arados.

Ah, mas isso pode ser visto como uma alegoria, não é? Podemos alegorizar todas as promessas, como a que afirma que o lobo viverá com o cordeiro e o leão pastará como o boi. Você crê nesse texto literalmente ou acha que devemos interpretá-lo como uma alegoria? O lobo e o cordeiro devem ser uma representação do pastor e do membro do conselho vivendo em harmonia. É assim que alegorizamos. E "o ermo florescerá como a tulipa". Por que isso não se realizaria? O Saara já foi um jardim. Por que não pode voltar a ser? Entende quando insisto para que compreendamos a Bíblia em seu sentido mais simples e evidente?

Praticamente ninguém mais ensina sobre o milênio, e sabe quem foi o responsável por isso? Agostinho. No início de seu ministério, ele pregava que Jesus voltaria para reinar sobre a terra durante mil anos, e era nisso que a Igreja acreditava e o que pregava até então. Não há traço de qualquer outra visão. Ninguém discutia: "Você é a-milenista, pré-milenista, pós-milenista ou dispensionalista?". Certo amigo respondeu: "Essa é uma pergunta dispensável". Desde Agostinho, embarcamos em todas essas perspectivas diferentes. Ele ensinou a Igreja o que é chamado de pós-milenismo – a ideia de que já estamos no milênio. Bem, francamente, se este é o milênio, e o diabo supostamente está preso, amarrado e trancado em um calabouço para que não consiga enganar mais ninguém, gostaria de saber quem está administrando seu negócio!

Não estou brincando. Escrevi este livro para chamar a Igreja de volta à mensagem que pregou nos seus primeiros 400 anos. Agostinho, contudo, não conseguia crer que Jesus voltaria em um corpo feito de carne e osso para governar fisicamente um mundo físico. Tudo era excessivamente físico e material. Não sendo suficientemente espiritual, Agostinho convenceu o Concílio de Éfeso (431 d.C.) – estive nas ruínas da igreja onde tomaram essa decisão – a condenar como heresia a crença no milênio. Foi num concílio oficial da Igreja. É por essa razão que, na maioria das igrejas, nunca se fala sobre o tema; é por essa razão que Apocalipse 20 é totalmente ignorado ou tem seu sentido completamente deturpado. A passagem é vista como uma alegoria, mas que maravilha pregar este Evangelho: Jesus está voltando para reinar, e este mundo verá o que é sujeitar-se a um governo cristão. Nossa responsabilidade durante o milênio dependerá da forma como conduzimos nosso trabalho diário hoje.

Recentemente, preguei sobre o milênio. Um homem me procurou ao final e, muito animado, disse: "David, pela primeira vez consegui associar minha fé ao meu trabalho".

— Por quê? O que você faz? – perguntei.

— Sou responsável pela despoluição dos rios na Inglaterra – ele respondeu – Até os salmões retornaram ao rio Tâmisa! – e continuou:

— Apocalipse diz que os rios e os oceanos ficarão terrivelmente poluídos antes do final. Quando Jesus voltar para reinar, ele precisará de alguém para despoluir os rios para ele, e eu quero esse emprego! Vou aprender o máximo que puder sobre o assunto.

De repente, o homem percebeu que seu trabalho diário era uma preparação para o milênio; ele percebeu que reinaria com Cristo.

Vamos governar as nações com vara de ferro. Isso não significa que será com crueldade. Significa, sim, que não será democraticamente, mas uma ditadura benevolente de um governo cristão. Um dia, a televisão, os bancos e os tribunais estarão em mãos cristãs. Você consegue imaginar? Irmãos e irmãs, hoje não conseguimos sequer governar as igrejas de forma adequada. Melhor começarmos a praticar.

A nova terra é outro elemento que desapareceu da pregação cristã sobre o futuro. Além do Reino cristão na antiga terra, há uma terra nova em folha. Quando me perguntam o que faço, eu digo que trabalho com reciclagem. A reação é sempre positiva.

— O que você recicla – metal, papel, garrafas?

— Não. Eu reciclo pessoas. Elas são a causa da poluição.

Deus atua no ramo da reciclagem de pessoas, pois um dia ele reciclará todo o universo, criará uma nova terra. Gosto muito de pregar sobre a nova terra, mas sempre que o faço, alguém me acusa de ser Testemunha de Jeová.

Certa vez, quando estava em Sydney, Austrália, pregando sobre a nova terra, afirmei: "Na nova terra, não haverá sol, nem mar, nem sexo". Não ouvi um único "aleluia!". Todos pareciam decepcionados. Tive a impressão de que o desejo geral era sair imediatamente em direção à praia mais próxima (Bondi Beach), onde encontrariam os três itens em abundância. Não sentiremos falta de nada disso. Uma nova terra? Você pensava que iríamos para o céu e moraríamos com Deus para sempre? Não, o céu é apenas uma sala de espera temporária entre a morte e a ressurreição; portanto, primeiro retornaremos a esta velha terra e depois seguiremos para uma terra novinha.

Sabe o que vai acontecer então? Deus vai mudar de casa.

Não somos nós que nos mudaremos, mas é Deus quem virá à terra morar conosco. Está escrito na última página da Bíblia: o destino não é lá em cima, mas aqui embaixo. O anjo diz: "Agora o tabernáculo de Deus está com os homens". Não são os homens habitando com Deus, mas Deus habitando com os homens. Ele descerá à terra e a nova Jerusalém descerá dos céus – o Cordeiro e Deus estarão aqui. O texto, na realidade, afirma que veremos sua face – não a face de Jesus, mas a de Deus. Você verá a face de Deus, o que me leva ao último ponto.

A visão que os gregos têm de Deus é muito diferente da visão hebraica. Os deuses gregos eram simplesmente humanos e fracos demais. Na mitologia grega, os deuses são demasiadamente humanos, portanto os filósofos distanciaram Deus da esfera humana, elevando-o a uma eternidade imutável, sem emoções, incapaz de mudar e de enfraquecer, sem os limites do tempo e do espaço, inteiramente em outro mundo – um Deus estático, não dinâmico; um Deus com atributos, mas sem ação; um Deus onipresente, em todos os lugares; um Deus onipotente, capaz de qualquer ato; um Deus onisciente, que tudo sabe, porém, na minha Bíblia, essas três características não representam Deus.

Ele está em qualquer lugar onde deseja estar. Não está em *todos os lugares*; está criando um lugar chamado inferno onde ele *não* estará. E Deus não é onipotente. Há muitas coisas que Deus não pode fazer, embora seja Todo-poderoso. Fiz uma lista com 32 coisas que Deus não pode fazer – e fiquei um tanto chocado ao descobrir quantas delas sou capaz de realizar. A primeira é que ele não pode mentir, não pode quebrar uma promessa. Eis aqui, porém, outro item da lista: ele não pode mudar o passado. O próprio Deus não pode mudar o passado. Ele pode mudar o futuro, porém o passado, não. Os gregos, contudo, desenvolveram um Deus estático, totalmente desprovido de emoções e com características que jamais mudam. O Deus imutável. Já ouviu essas palavras? A Bíblia, no entanto, fala de um Deus que pode mudar de ideia, e que realmente o faz, e pode fazê-lo em resposta ao clamor da oração. Moisés conseguiu fazer com que Deus mudasse de ideia. Amós fez o mesmo. Você leu a respeito. Não encontro um Deus sem sentimentos e emoções, mas um Deus que pode sentir-se triste, irado ou contente, que pode alegrar-se conosco, cantando e até assobiando – um Deus que assobia; um Deus que tem nariz, narinas, boca, olhos, ouvidos, rosto, dedos, braços, pernas, pés, intestinos, rins e até sêmen. Os autores bíblicos referem-se a Deus como se fosse apenas um ser humano. Eles sabem perfeitamente bem que Deus é Espírito, que não tem um corpo. Mas o que estão querendo dizer é: se você quer imaginar como Deus é, pense em si mesmo.

Nosso próprio corpo nos revela como Deus é. Fomos feitos à sua imagem, inclusive o corpo, e com esse corpo somos capazes de fazer o que Deus faz sem que tenha um. Você pode ver; ele também. Você pode sentir aromas; ele também. Você pode falar; ele também. Você pode ouvir; ele também. Essa é a visão hebraica de Deus. Os gregos, contudo, pensavam tratar-se de uma visão de Deus muito primitiva, simplista e infantil. Batizaram de antropomorfismo a noção de que Deus é como um ser humano. Essa, no entanto, é a melhor maneira pela qual *podemos* pensar em Deus, pois ele é assim. Esse deus grego constante, imutável, distante e estático estabeleceu decretos eternos. Não tomou decisões transitórias. O Deus da minha Bíblia, contudo, muda suas decisões em resposta aos seres humanos. Ele mantém um relacionamento dinâmico com os homens.

Pense no oleiro e no barro, do livro de Jeremias. Você teve essa aula? Jeremias foi à casa do oleiro e o viu moldando um pedaço de barro sobre a roda, tentando transformá-lo em um vaso. Seu intuito era criar um lindo vaso, mas o barro não estava maleável em suas mãos. O oleiro, então, amassou novamente o barro, devolveu-o à roda e moldou um vaso rústico e imperfeito. Disse Deus a Jeremias: "Você aprendeu a lição do oleiro e do vaso?". Quem decidiu o destino do barro – o oleiro ou o barro?". Pense bem nisso. A resposta é: o barro. E continuou: "Assim é Israel. Eu quis torná-lo um belo vaso, cheio da minha misericórdia. Ele, porém, quebrou-se em minhas mãos, por isso farei dele um vaso tosco, cheio do meu juízo; mas se Israel mudar de ideia e se arrepender, também mudarei de ideia e me arrependerei, e novamente farei dele um belo vaso". É o barro, no entanto, quem decide.

No dia seguinte, Deus disse: "Jeremias, volte ao oleiro e veja novamente aquele vaso". Quando o encontrou, sabia que teria uma tarefa difícil. O vaso havia endurecido no sol, e Jeremias recebeu instruções para lançá-lo no vale de Geena, próximo a Jerusalém, quebrando-o em pedaços, pois o barro não mais poderia ser maleável nas mãos do oleiro. Tornara-se duro demais. "Jeremias, você aprendeu a lição do oleiro e do barro?". O barro pode decidir se Deus o tornará vaso de misericórdia ou de juízo. A certa altura, no entanto, o barro fica endurecido demais para mudanças. É assim o relacionamento entre Deus e os seres humanos. Talvez você tenha cantado "Tu és o oleiro; eu sou o barro", como se o seu destino dependesse apenas de Deus. Não é verdade. Depende do que você permite que ele faça em sua vida.

Foi Agostinho quem elaborou a doutrina da predestinação – que é a predeterminação – e afirmou que somos salvos pois Deus, por meio de um decreto eterno – lá na eternidade, muito distante do tempo e do espaço –, decidiu que você será salvo, mas seu vizinho não. Desde então, a predestinação tem sido falsamente proclamada com um sentido *grego*, totalmente divergente da perspectiva bíblica. Descubra isso em meu livro *Once Saved, Always Saved?* [Uma vez salvo,

salvo para sempre?], pois nada pode mudar o que Deus determinou quando fez o decreto eterno de que você seria salvo e iria para o céu; dessa forma, você não se perderá – uma vez salvo, salvo para sempre. Questiono, no entanto, se esse é, de fato, um ensinamento bíblico. Deus não mantém esse tipo de relacionamento conosco. Ele não força ninguém. Ele não é um gigante Todo-poderoso que nos trata como fantoches. Esse deus constante e imutável que lança decretos eternos não é o Deus dos hebreus. O Deus dos hebreus ouve as orações e responde: "Tudo bem, eu ouvi sua oração. Não o destruirei. Mude a sua mente que mudarei a minha". Que Deus é esse que você pode influenciar por meio da oração? No pensamento grego, no entanto, não podemos influenciar Deus. Ele está muito acima de tudo, e só nos resta dizer "Seja feita a tua vontade". Esse é o deus do islamismo; esse é *Inshallah* [expressão árabe que quer dizer "Se Alá quiser]. Não é o Deus dos hebreus.

Como podemos nos libertar da influência do pensamento grego [grecização]? Como podemos evitar sermos apanhados por esse modo de pensar que está causando danos à Igreja como um todo? Espero que os exemplos que apresentei tenham sido suficientes para ajudá-lo a reconhecer a situação. Existem, contudo, dois lados: o negativo e positivo. O lado negativo é estar ciente de que isso aconteceu. Você precisa estar constantemente alerta para saber se está dando ouvidos ao pensamento grego em vez do pensamento judaico/hebraico. Há, no entanto, algo positivo a ser feito, e essa é a verdadeira resposta. Encharque-se da Bíblia. É um livro hebraico, e se você der mais atenção a outros livros, revistas, programas de TV ou à sua própria mente do que ao pensamento bíblico, então, inevitavelmente, sua mentalidade se tornará grega, porque essa é nossa cultura. Mergulhar na Bíblia, especialmente no Antigo Testamento, é a única proteção que temos contra as pressões gregas do mundo à nossa volta. Uma recente pesquisa entre cristãos evangélicos na Inglaterra revelou que 3/4 deles não leem o Antigo Testamento. Eles o consultam ocasionalmente, mas não refletem profundamente sobre ele.

Paulo afirma: "Não seja um camaleão, seja uma lagarta" (Rm 12.2). Se não acredita em mim, vá lá conferir. Está um pouquinho diferente na sua versão. Ele diz: "Não permita que o mundo à sua volta venha colorir seu pensamento" – pois é o que acontece ao camaleão. Se o colocamos sobre o vermelho, ele se torna vermelho; se o colocamos sobre o azul, ele se torna azul. Se sua intenção é que ele morra, coloque-o sobre um fundo xadrez, e é possível que ele exploda! São muitos os que absorvem o pensamento de outros, até mesmo dos pregadores aos quais ouvem, em vez de buscar a palavra por si mesmos. Seja como a lagarta. Paulo, na realidade, afirma: "Tenha sua mente metamorfoseada" – essa é a palavra que ele usa em grego, e metamorfose é o processo pelo qual passa a lagarta. Mesmo sendo tão feia, a lagarta desenvolve dentro de si as mais belas cores – ela não as absorve de outro lugar, mas as produz em seu interior, e, um dia, suas asas se abrem e todo o colorido é revelado. Não seja como o camaleão. Não baseie seu pensamento no que está ao seu redor. Seja como a lagarta. Deixe que as cores do seu pensamento fluam do seu interior, mas permita que o Espírito e a Bíblia venham colori-lo.

Mergulhe no Deus de Israel. Estude o povo judeu. Tente fazer amizades com judeus para que eles o ajudem a ler a *Bíblia deles*, porque ela não é nossa, é deles. Descobri recentemente que quanto mais hebraico de pensamento você se tornar, mais fácil será identificar o pensamento grego, mais você o observará, e mais a sua forte presença na Igreja o incomodará. Nossas raízes estão em Israel, não na Grécia antiga. Nossa fé está na oliveira, que é Israel. Somos a oliveira brava, enxertados entre outras raízes. Dependemos da seiva que vem de suas raízes. Nosso pensamento deve ser hebraico, pois há um único Deus, e ele não é o deus da Grécia, é o Deus de Israel.

"Que estranho
Ver que Deus
Escolheu os judeus
Tão estranho e bizarro
É adorar um Deus judeu
E dos judeus tirar sarro."

SOBRE DAVID PAWSON

Conferencista e escritor com inabalável fidelidade às Sagradas Escrituras, David traz clareza e uma mensagem de urgência aos cristãos para que descubram tesouros escondidos da Palavra de Deus.

Nascido na Inglaterra em 1930, David iniciou sua carreira com formação em Agronomia pela Universidade de Durham. Quando Deus interveio e o chamou para que se tornasse Pastor, ele concluiu o Mestrado em Teologia pela Universidade de Cambridge, e, durante três anos, serviu como capelão na Força Aérea Real. Passou então a pastorear várias igrejas, entre elas o Centro Millmead, em Guildford, que se tornou um modelo para muitos líderes de igrejas do Reino Unido. Em 1979, o Senhor o conduziu a um ministério internacional. Atualmente, seu ministério itinerante é predominantemente para líderes de igrejas. David e sua esposa, Enid, moram hoje no condado de Hampshire, no Reino Unido.

Ao longo dos anos, ele escreveu um grande número de livros, publicações e notas diárias de leitura. Suas extensas e muito acessíveis análises dos livros da Bíblia foram gravadas e publicadas em "Unlocking the Bible" (A Chave para Entender a Bíblia). Milhões de cópias de seu material de ensino têm sido distribuídas em mais de 120 países, oferecendo sólido embasamento bíblico.

Ele é considerado o "pregador ocidental mais influente na China" graças à transmissão de sua bem-sucedida série "Unlocking the Bible" a todas as províncias da China, através da God TV. No Reino Unido, os ensinos de David são transmitidos com frequência pela Revelation TV.

Incontáveis fiéis em todo o mundo também se beneficiaram de sua generosa decisão, em 2011, de disponibilizar sua extensa biblioteca audiovisual, sem custo algum, em: **www.davidpawson.org**. Recentemente, todos os vídeos de David foram carregados em um canal específico em: **www.youtube.com**

SÉRIE A BÍBLIA EXPLICA
VERDADES BÍBLICAS APRESENTADAS DE FORMA SIMPLES

Se você foi abençoado com a leitura deste livro, saiba que outros títulos da série estão disponíveis. Acesse **www.aBibliaexplica.com** e inscreva-se para baixar mais livros gratuitos.

A série A Bíblia Explica inclui:
A Fascinante História de Jesus
A Ressurreição: O ponto central do cristianismo
Como Estudar a Bíblia
A Unção e o Enchimento do Espírito Santo
O Batismo no Novo Testamento
Como Estudar um Livro da Bíblia: Judas
Os principais passos para se tornar um cristão
O que a Bíblia diz sobre: Dinheiro
O que a Bíblia diz sobre: Trabalho
Graça: Favor imerecido, Força irresistível ou Perdão incondicional?
Seguro para sempre? O que a Bíblia diz sobre: Salvação
O Fim dos Tempos
Três textos geralmente usados fora do contexto: Explicando a verdade e expondo o erro
A Trindade
A Verdade sobre o Natal

Você também pode adquirir cópias impressas em:
Amazon ou **www.thebookdepository.com**

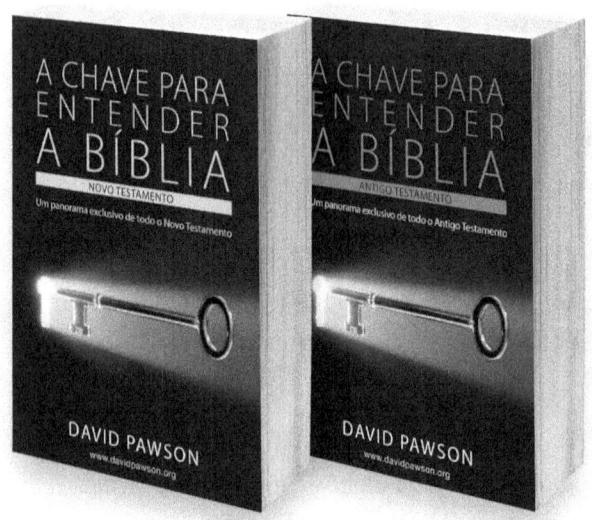

A CHAVE PARA ENTENDER A BÍBLIA

Um panorama exclusivo do Antigo e do Novo Testamento, nas palavras de David Pawson – conferencista e escritor evangélico, reconhecido internacionalmente. "*A Chave para Entender a Bíblia*" elucida a palavra de Deus de maneira inovadora e poderosa. Em uma clara distinção aos tradicionais estudos e comentários bíblicos que tratam versículo por versículo, este livro apresenta a história épica do relacionamento entre Deus e seu povo, em Israel. A cultura, o contexto histórico e os personagens são apresentados e os ensinamentos são aplicados ao mundo contemporâneo. Oito volumes foram compilados nesta edição abrangente, compacta e fácil de usar, com tópicos que cobrem o Antigo e o Novo Testamento.

Do Antigo Testamento: As Instruções do Criador – Os Cinco Livros da Lei; Uma Terra e um Reino – Josué, Juízes, Rute e 1 e 2 Samuel, 1 e 2 Reis; Poemas de Louvor e Sabedoria – Salmos, Cântico dos cânticos, Provérbios, Eclesiastes, Jó; Declínio e Queda de um Império – Isaías, Jeremias e outros profetas; A Luta pela Sobrevivência – Crônicas e os profetas do exílio.

Do Novo Testamento: O Eixo da História – Mateus, Marcos, Lucas, João e Atos; O Décimo Terceiro Apóstolo – Paulo e suas cartas; Do Sofrimento à Glória – Apocalipse, Hebreus, as cartas de Tiago, Pedro e Judas.

Este livro é um best-seller internacional.

OUTROS MATERIAIS DE ENSINO
DE DAVID PAWSON

Para acessar a lista atualizada com os títulos de David Pawson, visite:
www.davidpawsonbooks.com

Para comprar os materiais de ensino de David Pawson, acesse a página:
www.davidpawson.com

www.ingramcontent.com/pod-product-compliance
Lightning Source LLC
Chambersburg PA
CBHW071035080526
44587CB00015B/2628